북한 애니메이션

차례
Contents

북한에도 애니메이션이 있다

북한 애니메이션을 아시나요

2005년 여름, 북한 애니메이션이 성큼 다가왔다. 나팔 불며 대대적으로 서울 입성을 알린 것은 아니지만 과거의 행적과 비교해본다면 뚜렷한 변화를 느낄 정도다.

「령리한 너구리」로 알려진 북한의 인기 애니메이션이 「너구리와 숲 속 친구들」이란 타이틀로 7월부터 KBS 1TV를 통해 매주 금요일 오후 4시 30분에 방영되고 있고 북한과 공동 제작된 「왕후 심청」도 8월 12일부터 전국 62개 극장에서 개봉됐다.

「너구리와 숲 속 친구들」은 북한의 4.26아동영화촬영소가 제작한 애니메이션으로 셀·절지·스톱모션 애니메이션·3D 컴퓨터그래픽 기법 등이 사용된 교육 프로그램이다. 「왕후심청」은 2001년 2월부터 우리나라의 코아필름서울과 미국의 코아필름이 북한의 4.26아동영화촬영소와 함께 극장용으로 제작한 장편 애니메이션으로 「심청전」의 내용을 현대적 감각에 맞게 각색한 작품이다.

이렇듯 브라운관과 스크린을 통해 북한의 애니메이션이 한꺼번에 선보인 적은 처음이다. 물론 「너구리와 숲 속 친구들」의 방영은 7월부터 시행되는 애니메이션 총량제의 수혜를 어느 정도 입었고[1] 「왕후 심청」도 메이저 극장가를 잡는 데는 어려움이 있었지만 말이다.[2] 그럼에도 정치 기류의 변화에 따라 주로 '특집용'으로 웬만한 관심 없으면 스쳐지나갈 정도로 얌전하게 왔다갔던 이전 북한 애니메이션의 수준과는 분명하게 구분된다.

사실 북한의 애니메이션은 최근 몇 년간 방송, 영화제, 온라인을 통해 간간이 얼굴을 내밀었지만[3] 남북의 문화 교류 협력이 구체적으로 언급되던 시기를 전후해 국내 애니메이션 붐을 타고 맛보기로 소개되는 정도였다. 북한의 애니메이션 「호박따는 날」과 「음악경연에서 있은 일」이 1999년 1월 5일 iTV의 신년 특집 방송 '북한 애니메이션의 세계'를 통해 첫 공중파를 탄 것이 그 시작이었다. 2000년 6월 11일에는 EBS의 '애니토피아'에서 '북한 애니메이션 특집'으로 북한 애니메이션 「연필의 소원」 「멍멍이의 벽시계」 「소년장수」 「령리한 너구리」

가 소개됐으며 KBS의 '남북의 창', MBC의 '통일전망대' 등 북한 관련 프로그램은 물론 케이블 TV를 통해서도 북한 애니메이션이 다수 방영되었다. 또한 광주시 북구 주최로 2000년 10월에 열린 제3회 자미축제에서는 「소년장수」 「령리한 너구리」 「호동왕자」 등 3편의 북한 애니메이션이 상영됐으며 같은 해 11월 열린 사이버 춘천애니타운 페스티벌에서도 북한 만화 영화 사이트가 개설돼 「날개 달린 룡마」 「꾀 있는 개미」 등 여섯 작품의 주요 장면이 선보였다. 또 중앙일보를 비롯하여 조선일보, 동아일보, 경향신문 등 각 언론사의 인터넷 사이트와 북한 영화 전문 사이트인 조선시네마(www.dprkfilms.co.kr) 등에 북한 애니메이션 코너가 마련되기도 했다.

이외 3D 애니메이션 시리즈물인 「게으른 고양이 딩가」 「뽀롱뽀롱 뽀로로」 등이 남북 공동으로 제작되면서 북한 애니메이션에 관심이 모아지기도 했다. 하나로텔레콤(당시 하나로통신)은 북한의 민족경제협력연합회 산하의 삼천리총회사와 「게으른 고양이 딩가」를 공동 제작해 2001년 12월 초 하나로텔레콤의 인터넷 포털 사이트(www.hananet.net)와 공식 웹사이트(www.mydinga.com)에서 선보였으며 2002년 12월 삼천리총회사와 TV용 애니메이션 「뽀롱뽀롱 뽀로로」의 제작을 완료했다.

특히 「뽀롱뽀롱 뽀로로」는 2003년 11월 27일부터 EBS에서 매주 금요일 2편씩 방영됐고 2004년 2월에는 하나로텔레콤의 인터넷 사이트(www.hanafos.com)에서도 서비스됐다.

북한의 애니메이션은 그간 꾸준히 소개된 셈이지만 여전히 생소하다. '북한'이라는 특수성으로 접근하기가 쉽지 않은 데다 그나마 얻을 수 있는 정보도 단편적, 제한적이기 때문이다. 또 막연하게 우리가 알고 있는 애니메이션과 차이가 클 것이라는 편견과 함께 접근되는 것도 사실이다.

　하지만 북한은 비록 하청 작업이기는 하나 세계 여러 나라들과의 합작을 통해 실력을 인정받고 있고 애니메이션 대국으로도 손꼽히고 있다. 문득 북한 애니메이션의 정체가 궁금해진다.

애니메이션? 아동 영화!

　하나, 가재 '세바스찬'이 바다 속 친구들과 함께 '바다 밑에서(Under the sea)'노래에 맞춰 춤을 춘다. (「인어공주」, 1989)
　둘, 숲 속에서 도적과 마주친 '피오나' 공주는 영화「매트릭스」의 360° 회전 순간 정지 장면을 선보이며 그들을 물리친다. (「슈렉」, 2001)
　셋, '쿠사나기'가 밤의 도시를 뒤로 한 채 고층 빌딩에서 다이빙하며 모습을 감춘다. (「공각기동대」, 1995)

　흔히 '애니메이션' 하면 떠올리는 장면들이다. 앞의 두 개는 미국의 대표적인 애니메이션이고 마지막은 재패니메이션, 즉 일본 애니메이션이다.

쉽게 말해 '애니메이션'이란 만화를 영상으로 옮겨 놓은 것으로, 출판 만화와는 달리 화면에서 그림이 움직이는 것을 가리킨다. 또 어린이들을 주 대상으로 하지만 어른까지 폭넓게 즐길 수 있는 영화의 하나로도 알려져 있다. 때론 어른들이 더욱 열광하는 오락, 때론 마니아층을 중심으로 만화 이상의 것을 의미하기도 한다.

전문적으로 얘기하자면 애니메이션은 프레임 촬영, 즉 일반 영화처럼 무비카메라를 자동으로 1초당 24프레임씩 돌아가게 찍지 않고 보통 사진기를 이용한 촬영처럼 한 컷씩 찍는 방식을 통해 그림이나 사물을 움직이는 것처럼 보이게 하는 영화의 한 장르[4]다.

북한의 애니메이션은 어떨까? '북한'이라는 단어가 주는 묵직함에 '애니메이션'이 가려질지도 모르겠다. 북한에서 애니메이션을 뜻하는 만화 영화의 개념부터 알아보자.

만화적 수법으로 그린 그림을 찍어서 만든 아동 영화. 주로 아동들을 대상으로 하는 만큼 그들의 나이와 심리적 특성에 맞게 만든다. 만화 영화에는 주로 아동들의 생활과 의인화된 동물, 식물, 무생물 및 창작가의 환상에 의한 가상적인 물체까지도 그려진다.

만화 영화에서는 일반 영화에서와는 달리 인물이나 사물 현상을 있는 그대로 보여주는 것이 아니라 생략과 함축, 축소와 확대, 과장과 같은 수법들을 널리 리용한다. 그러나 만화 영화에서의 이러한 수법들은 어디까지나 사물 현상의 본질을 선명하게 보여주는 원칙에서 쓰며 특히는 아동들의 심리적 특성에 맞게 쓴다.

만화 영화는 보통 2권 정도로 만들며 다부작 형식의 장편으로도 만들고 있다. 일반 영화와는 달리 인물이나 물체의 움직임을 하나하나 그려서 보여주어야 하는 것이니만큼 이를 위해서도 수만 매의 그림이 필요하다. 1초 동안에 촬영기가 찍는 것 만한 그림, 즉 움직임이 조금씩 다른 그림 24매를 그린다. 그래야 그 움직임을 현실에서 보는 것과 같은 느낌으로 관중들이 보게 된다. (『조선대백과사전』 8권)

우선 제작 방법은 우리가 알고 있는 애니메이션과 크게 다르지 않다. 윗글에 의하면 '1초=24프레임'을 원칙으로 관객들이 화면의 움직임을 실제로 느끼도록 그림이나 사물을 촬영기로 한 컷씩 찍어내는 것으로 풀이된다. 실제 영화처럼 1초 동안 촬영기에 찍히는 그림을 이용해 현실감을 전달하는 데 치중하고 있는 셈이다. 때문에 움직임이 무겁다는 지적도 있지만 1초당 12프레임 또는 8프레임을 쓰는 한국, 일본의 작품보다 영상이 부드럽다는 평가를 받고 있다. 북한의 애니메이션을 처음 접하게 되면 그림이나 내용은 둘째치더라도 동작들이 상당히 섬세하다는 인상을 받게 된다. 이는 같은 프레임을 채택하고 있는 디즈니 애니메이션과 유사하다.

분량은 대개 편당 20분 내외로 단편이 주를 이루고 있지만

'다부작'으로 일컬어지는 연재물도 제작되고 있다. 북한에서 인기 애니메이션으로 꼽히고 있는 「령리한 너구리」는 대표적인 대작 시리즈물의 하나다.

하지만 세부적으로 파고들면 애니메이션이 제한된 개념으로 사용되고 있다는 것을 발견할 수 있다. '만화 영화=아동 영화'로 인식되고 있어 대상은 물론 소재 선택, 표현 방식도 '아동'에서 자유로울 수 없다. 애니메이션을 창작하는 데는 반드시 아이들의 연령대가 고려돼야 하고 동물, 무생물, 상상의 물체를 다루더라도 사물의 본질을 드러낸다는 전제 하에 만화적인 수법들이 사용되기 때문이다. 즉, '아동들의 심리적 특성'에 부합되느냐에 따라 기법이 결정된다. 이는 북미의 애니메이션이 코흘리개들의 전유물이 아니라 어른까지 그 향유층을 확대하며 작가 정신을 담아내는 매력적인 틀로 인정받고 있는 것과 상당한 차이가 있다.

북한의 애니메이션은 아동 영화와 떼어서 생각할 수 없다. 만화 영화의 개념 설명의 첫 줄에 언급되듯 애니메이션의 출발점은 '아동 영화'다. 앞으로 북한의 애니메이션이 등장할 때마다 그림자처럼 나타나는 것도 바로 아동 영화일 것이다.

『조선대백과사전』에서 아동 영화의 항목을 찾으면 다음과 같다.

어린이들을 대상으로 하고 그들의 교양을 목적으로 하여 만들어진 영화. 만화 영화, 인형 영화, 지형 영화 등이 속한다. 넓은 의미에서 아동들을 위하여 만들어진 예술 영화, 기록 영화들도 이에 속한다. 아동 영화에서의 배역은 주로 어린이들이 담당 수행한다. 아동 영화는 줄거리가 명확하고 사건 구성이 비교적 단순하며 흥미 있는 이야기를 통하여 어린이들의 생활을 생동하게 반영한다. (『조선대백과사전』 26권)

　아동 영화는 말 그대로 아이들을 대상으로 한 영화의 한 장르로서, 그들의 눈높이에 맞춰 단순하면서도 흥미로운 이야기로 구성되며 교양을 목적으로 제작된다. 여기에는 아이들이 주인공으로 등장한 영화도 넓은 의미에서 포함된다. 하지만 대부분 만화 영화(셀 애니메이션), 인형 영화(인형 애니메이션), 지형 영화(절지 애니메이션) 등 애니메이션을 가리킨다. 만화 영화는 미술가가 그린 그림을 찍어서 만든 그림의 형태이며 인형 영화와 지형 영화는 각각 인형과 종이로 제작된 것을 말한다.

다양한 기법의 애니메이션 (윗줄: 인형 애니메이션, 아랫줄: 절지 애니메이션)

북한의 아동 영화는 1990년대 전성기를 맞이해 만화 영화를 봇물처럼 쏟아내면서 종종 애니메이션과 같은 뜻으로 사용되고 있다. 때문에 북한의 아동 영화는 우리가 알고 있는 다양한 애니메이션, 그 중에서도 셀 애니메이션(만화 영화)이라고 봐도 무방하다고 할 수 있다.

북한 애니메이션의 키워드인 아동 영화의 속성은 형식과 내용에 고스란히 반영된다. 우선 애니메이션의 내용은 어린이라는 대전제를 벗어나지 않는다. '어린이들의 생활을 생동하게 반영'한다고 했지만 실상 그들의 이야기보다는 아이들에게 줄 수 있는 교훈이 주를 이루고 있다. 이 점에 대해서는 뒷장 '북한 애니메이션: 아이들의, 아이들을 위한'에서 자세히 살펴보도록 한다.

형식도 마찬가지다. 북한의 애니메이션은 주로 만화체를 사용하고 있다. 이는 대부분의 등장 인물이 동물들이기 때문에 아이들의 이해를 돕기 위한 것이다. 또한 삽화체에 비해 기술이 단순하고 제작비가 저렴하다는 점도 어느 정도 작용한 것으로 보인다. 물론 삽화체가 사용된 애니메이션도 있지만 소수에 불과하다. 「소년장수」나 「날개 달린 룡마」들이 대표적인 삽화체 작품들이다.

북한의 애니메이션은 '아동 영화' 이외에도 '만화 영화' '그림영화' '련속 그림'으로 불리기도 한다. 출판 만화와 애니메이션이 모두 '만화'로 통용되는 우리나라와는 약간 다르다. 북한에서도 애니메이션과 출판 만화 둘 다 과장, 축소 등 만화적

속성을 드러내고 있지만 출판 만화는 정치적인 맥락에서 풍자를 골자로 한다는 점, 당 정책과 밀접하다는 점에서 애니메이션과 구분된다.[5)]

　북한의 애니메이션은 우리가 알고 있는 애니메이션과는 달리 좁은 의미의 '아동용' 만화 영화라고 할 수 있다.

애니메이션, 영화 예술의 말석

　북한의 애니메이션, 아동 영화는 북한의 영화에서 어떤 위치를 차지하고 있을까? 북한의 영화는 크게 예술 영화, 기록 영화, 과학 영화, 아동 영화로 구분된다. 결론부터 이야기하자면 애니메이션은 제일 끝자리다.

　예술 영화는 연간 제작되는 영화의 40% 가량을 차지할 정도로 '북한 영화의 꽃'으로 일컬어진다. 주요 내용은 김일성과 김정일 부자의 우상화를 중심으로 주민들의 충성심 제고, 주민 노역 선동, 한국과 미국 모략, 북괴군의 용감성 찬양 등이다. 대표적인 작품으로는 「조선의 별」「민족의 태양」「요람」「로동 가정」「파도는 노래한다」「어머니의 소원」「월미도」등이 있다.

　기록 영화는 다큐멘터리로 사실성을 특징으로 한다는 점에서 예술 영화와 구분된다. 하지만 기록 영화라고 하더라도 당초 영화의 목적이 김일성과 김정일 부자의 선전과 체제 찬양에 있는 만큼 과장과 왜곡으로 점철되어 있다. 주요 작품으로

「공화국 기치 만세」「압록강반의 서사시」「봉사탈춤」「온정 속에 솟아난 인민의 휴식터」 등이 꼽힌다.

과학 영화는 과학과 기술을 소재로 교육과 홍보에 초점이 맞춰진다. 농업 기술과 관련 생산성 증강에서부터 각 분야의 선진적인 경험, 의학 기술 상식 등이 주로 다뤄진다. 예를 들면 「농작물과 린비료」「미생물에 의한 단백질 먹이 생산」「공업 로봇」「소모품 성장촉진제」 등이다.

대상과 목적에 따라 대중 과학 영화, 교육 교재 영화, 연구용 영화로 구분하기도 한다. 대중 과학 영화는 일반 기초 과학 지식을 보급해 대중들의 일반 지식 수준을 제고하기 위해 만들어진 것이고 교육 교재 영화는 관련 부문 종사자와 학생들에게 전문 과학 기술적 문제를 보급하기 위한 것이다. 마지막으로 연구용 영화는 과학 탐구를 직접적으로 보조하기 위해 제작된다.

아동 영화는 앞서 살펴봤듯이 아이들을 대상으로 그들의 교양을 위해 만들어진 장르로 다시 만화 영화, 인형 영화, 지형 영화 등으로 나누어진다.

영화 전체로 볼 때 아동 영화는 좋게 말해 '4등'이다. 북한에서 영화라고 하면 곧 예술 영화를 지칭하고 예술 영화, 기록 영화, 과학 영화, 아동 영화 순으로 언급되고 있다. 아동 영화는 영화의 말석을 차지하고 있으며 비중도 작은 편이다.

한 예로 북한에서 출판되고 있는 월간 잡지 『조선영화』를 보면 전문적인 평론이나 영화 소개는 예술 영화에 한해 이뤄지고 있고 아동 영화는 화보로 주요 장면 정도가 소개되는 것에 그치고 있다. 심지어 아동 영화는 한때 전체 영화의 창작 계획에서 빠질 정도로 홀대받기도 했다. 『조선영화년감 1993』에 따르면 아동 영화는 문화 예술의 전체 규모에서 볼 때 사실상 큰 위치를 차지하지 못하는 예술의 한 형태였으며 과거에 아동 영화는 매우 소홀히 다뤄져서 어느 해에는 창작 계획에서 인형 영화 지표가 빠진 적도 있었다.

이러한 순위매김은 영화가 담고 있는 주제와 밀접한 것으로 보인다. 당 정책에 '올인'하고 있는 예술 영화와 제한적으로 수용하는 아동 영화는 당연히 구분될 수밖에 없는 것이다.

애니메이션의 특수성: 영화와는 다른 무엇

북한의 애니메이션은 아동 영화라는 이름으로 간신히 영화의 테두리에 속해 있으면서도 북한에서 말하는 영화와는 다른 성격을 보이고 있다.

북한 영화 예술의 목적은 크게 두 가지, 사상 교양과 문화 교양이다. 영화는 어떻게 하면 대중을 효과적으로 선동할 것인가를 중심으로 사상적인 무기, 정치적인 선전 도구로 한정된다. 당 차원에서 영화 예술은 문화 예술 전반의 핵심으로, 혁명의 강력한 사상적 무기로 대접받고 있다. 무엇보다 대중 교양의 스피커이자 전담 창구 역할을 담당하고 있다.

영화는 우리 당의 힘 있는 직관적인 선전 선동 수단입니다. 영화는 여러 곳에서 많은 사람들에게 동시에 보여줄 수 있으며 비교적 짧은 시간에 오랜 기간의 력사적 사실들과 사건들을 직관적으로 생동하게 보여줄 수 있으므로 근로자들을 교양하는 데서 소설이나 신문보다도 낫고 무대의 제한을 받는 연극보다도 우월합니다. 영화가 여러 가지 예술 형식 가운데서 가장 중요하고 힘 있는 대중교양 수단이라는 데 대하여서는 더 말할 필요가 없습니다. (『김일성 저작집』 12권)

북한 정부는 영화의 파급력에 일찌감치 주목해 이를 정책에 적극적으로 활용하고 있다. 영화 제작이 활발하게 이뤄진 해는 당 정책이 강화된 시기라도 해도 과언이 아니다. 북한 정권이 수립됐을 때, 전쟁 후 경제 복구가 한창일 때는 어김없이 북한 정권의 정통성과 김일성 숭배 등을 다룬 영화들이 쏟아져 나왔다. 애니메이션도 영화의 한 장르로서 대중 선동과 교양이라는 큰 줄기에서 벗어나지 않는다. 다만 아동 영화로서 변화를 겪으면서 본격적인 정치성은 퇴색한 상태다.

애니메이션이 본격적으로 제작되기 시작한 1970년대만 해도 애니메이션은 예술 영화의 축소판으로 인식됐다. 혁명 용사들이 등장하고 예술 영화나 기록 영화에서 봄직한 묵직한 주제들이 다뤄졌다. 그러나 1970년대 이후 애니메이션의 색깔은 아이들의 교양과 감성으로 고착되고 창작 방향도 전환된다. 아동 영화는 아이들을 대상으로 하는 만큼 예술 영화에서 다루는 혁명 전통과 같은 심각한 주제는 적절치 않은 것으로 취급됐기 때문이다.

아동 영화는 화면에 미술가들에 의하여 창조된 그림, 지형이라는 특수한 형상 수단으로 생활을 그리게 된다. 인형이나 그림들이 아무리 섬세하게 움직인다 하더라도 산 사람을 따를 수 없으며 복잡한 감정 세계와 심리적 현상들의 전 과정을 산 사람처럼 자연스럽게 표현하지 못한다. 손발도 제대로 움직이지 못하는 인형들이 유격대원으로 나오게 되면 그 형상은 왜소화되고 진실성을 잃어버릴 수 있다. 아동 영화에서는 혁명 전통 주제와 같은 심각한 내용을 취급해서는 안 된다.

1970년대 초까지만 하여도 창작가들은 어린이들에 대한 사상교양을 강화하겠다는 주관적 욕망으로부터 그림이나 인형으로 유격대원들을 형상화하였는데 이것은 아동 영화의 형상 수단과 수법의 특성을 옳게 리해하지 못한 데서 나타난 하나의 편향이었다. (김혜숙, 「아동 영화의 사상 예술적 수준을 높여준 빛나는 향도」, 『조선영화』, 1994년 8호)

북한 애니메이션의 특수성도 여기에서 비롯된다. 아이들에 한정된다는 점에서 우리가 알고 있는 애니메이션과 구분되며 영화의 한 장르이면서도 북한 내 여타의 영화 장르와는 달리 정치성은 희미하다. 오히려 미래의 일꾼을 키워낸다는 측면에서 북한의 애니메이션은 공산주의 사회에서 요구되는 지식 교양과 덕성 교육에 초점을 맞추고 있다. 애니메이션 제작 목적의 첫 번째로 꼽히는 것도 정치적인 선동이 아니라 교양이다.

애니메이션이 예술 영화와 다르다는 것은 다음에서도 이어진다.

> 아동 영화 부문을 지도하시던 첫 시기부터 아동 영화를 예술 영화화해서는 안 된다고 가르쳐 오신 친애하는 지도자 동지께서는 1983년 12월 31일 그림 영화 「날개 달린 룡마」 창조 과정을 지도하시면서 예술 영화처럼 만든 영화의 결함을 바로잡아 주시었다.(중략) 창작가들은 아이들의 시점에서가 아니라 성인들의 시점에서 형상을 창조하였었다. 그림 영화 맛이 나지 않고 예술 영화처럼 되어버리었다. 이러한 성인화된 형상은 아이들의 특성에 맞지 않아 아무리 좋은 내용도 그들을 공감시키지 못하게 되어 결국 감화력을 잃어버리게 된다. (김혜숙, 위의 책)

아동 영화는 예술 영화의 창작방법과 다르다는 점이 거듭 강조되고 있다. 「날개 달린 룡마」는 룡마를 타고 신기한 보석 북채를 가져다 의적을 물리치고 고향을 지켜낸 세 형제의 이야기가 환상적으로 펼쳐지는 작품이다. 하지만 위에서 지적됐듯이 어른들 입장에서 애니메이션이 제작됐기 때문에 아이들의 공감을 불러일으키는 것은 물론 감동을 주는 데도 실패했다는 것이다. 결국 그림 영화답다는 것, 애니메이션의 핵심은 '얼마나 아이들의 시각에서 창작됐는가'로 압축된다고 볼 수 있다.

북한 애니메이션의 방향이 확립되고 전성기가 시작됐던 1980년대 후반에 접어들면 애니메이션은 예술 영화와는 확실하게 다른 길을 가게 된다. 애니메이션의 핵심은 '어린이들의 정서와 심리에 맞는 형상을 창조하는 것'으로 이를 최대한 적절하게 표현하는 것이 최우선으로 꼽히고 있다.

> 우리 아동 영화의 기본 대상은 인민학교 시기까지와 어린이들이다. 그러므로 아동 영화들에서 어린이들의 정서와 심리에 맞는 형상을 창조하는 것은 작품의 가치와 생활력을 결정하는 기본 요인이라고 볼 수 있다. 때문에 아동 영화 창작에서는 그 어떤 경우를 막론하고 어떻게 하면 어린이들의 정서와 심리에 맞게 형상하겠는가 하는 데 초점이 맞춰져야 한다. (『조선영화년감 1986』)

창작 방법에 있어서 애니메이션과 일반 영화의 차이는 1990년대 들어 더욱 뚜렷해진다. 한 예로 1991년 모든 영화가 당의 정책적 요구에 맞춰 당원들의 정치 사상을 고무시키는 데 초점이 맞춰져 있다면 애니메이션은 아이들의 지덕체 교양에 도움을 주는 데 집중됐다.

1991년 예술 영화 부문에서 거둔 성과는 무엇보다 먼저 현실적으로 의미 있는 주제의 작품들을 훌륭하게 창작, 완성함으로써 혁명과 건설에 더 잘 이바지할 수 있는 주체적 영화 예술을 창조한 것이다.(중략)

1991년 아동 영화 부문에서 이룩한 중요한 성과는 무엇보다 먼저 어린이들의 지덕체 교육에 적극 이바지하는 정책적으로 의의 깊은 다양한 주제의 아동 영화들을 많이 창작한 것이다. 올해 아동 영화 부문에서는 어린이의 특성에 맞게 우리 민족 제일주의 정신, 나라를 사랑하는 마음, 동무를 귀중히 여기고 집단을 귀중히 여기는 마음을 비롯한 어린이 교육에 지극히 필요한 내용을 가지고 보다 높은 수준에서 아동 영화들을 창작하였다. (『조선영화년감 1992』)

이처럼 예술 영화와 아동 영화는 현실적 주제의 작품을 창작하는 것, 아이들의 지덕체 교육을 적극적으로 표현하는 것 등 서로 다른 잣대로 평가받고 있다.

북한의 애니메이션은 영화의 한 장르로 일컬어지고 있지만 북한에서 말하는 그것의 영화적 특성은 모두 잘려 나가고 '아동'을 통해서 정체성이 확립되고 있다. 어찌 보면 뚜렷한 자기 색깔을 지니고 있다고 볼 수 있다. 바꿔 생각하면 애니메이션이 표현할 수 있는 다양한 주제와 기법들은 무시된 채 모든 것이 아이들에게 할애되고 있다고 할 수 있다.

북한 애니메이션 : 아이들의, 아이들을 위한

북한 애니메이션은 어떻게 만들어지나:
김정일의 지도 하에 동화·우화 활용

북한 애니메이션의 가장 큰 특징 중 하나는 김일성과 김정일의 대단한 관심 속에 제작되어 왔다는 것이다. 또한 애니메이션의 관리 역시 두 지도자들의 개인적인 관심을 넘어 국가적인 차원에서 이루어져 왔다. 이것은 애니메이션의 상위인 영화에 대한 북한의 법령을 보면 더욱 선명해진다.

　　영화 예술은 우리나라 사회제도의 현실적 기초로 되는
　　조선 로동당과 공화국 정부의 정책을 광범위한 인민 대중에게 적극적으로 선전하며 조국의 평화적 통일과 사회주의 기초 건설을 위한 우리 인민의 불굴의 투쟁과 그들이 달성한 빛나는 성과와 위훈을 형상화하여 인민들을 고상한 애국주의와 사회주의 사상으로 교양하며 그들을 창조적 도덕 투쟁을 고무시키고 주동하는 중대한 역할을 수행하고 있다.[6]

영화에 대한 인식이 이러했기 때문에 애니메이션 역시 국가 차원에서 관리되었다. 북한이 아동 영화에 대한 관심이 높았던 이유는 북한이 아동들에 대한 교육을 중요하게 생각했고, 아동 영화가 그러한 교육에 효과적인 수단이라는 것을 일찍 느꼈기 때문이다.[7] 국가를 이끌어나가는 지도자의 입장에서 나라의 기둥이 될 어린이들의 교육은 그 무엇보다도 중요한 일이고, 그 어린이들에게 강력한 매체가 애니메이션이라면 그것에 관심을 갖는 것은 당연할 것이다.

하지만 특히 김정일이 보인 관심은 그 어느 나라에서도, 그 어느 지도자에게서도 찾아보기 힘든 사례다. 따라서 북한의 애니메이션 정책을 이해하기 위해서는 김정일의 영화관을 먼저 살펴볼 필요가 있다.

김정일은 문화 예술 장르에 관심이 높았는데 특히 교시, 담화문, 편지, 논문 등 김정일이 문화 예술 관련 전 분야에 내린 실무 지시 사항 중에서 60%가 영화에 대한 것일 정도로 영화에 대한 애정은 각별하다.

김정일은 1960년대 후반부터 당의 선전·선동담당 책임자로 배우의 캐스팅부터 필름 첨삭에까지 간여해 왔는데, 영화에 대한 개별적인 간섭을 넘어 영화를 자신의 권력 장악 과정의 도구로 이용해왔다. 김정일은 1967년 '영화 예술에 대한 박금철, 김도만의 반당적 여독 청산을 위한 확대정치위원회'에서 참가자들에게 자아 비판과 상호 비판을 시키면서 문화 예술부문의 실권자로 등장하게 되는데, 이때부터 당의 사상 사업의 핵심인 문화 예술 부문을 장악하기 시작한다.

김정일이 북한 영화계를 완전히 장악하게 된 것은 1973년 『영화예술론』[8]을 발표하면서부터다. 김정일은 영화라는 하나의 매체를 통하여 북한 주민들에게 자신의 권력 세습의 정당성을 옹호시키고 당내 간부들에게는 자신의 이미지를 쇄신하게 했다.

영화에 대한 김정일의 이러한 애정은 애니메이션에도 그대로 넘어온다. 그가 직접 들려준 동화가 애니메이션으로 만들어지는 사례도 많다. 김일성이 들려준 이야기 중에서 애니메이션이 된 것은 「놀고먹던 꿀꿀이」「이마 벗어진 앵무새」「두 장군 이야기」「황금덩이와 강낭떡」「날개 달린 룡마」 등이고, 김정일 역시 '호랑이를 이긴 고슴도치' '달나라 만리경' '연필의 소원' 등의 이야기를 들려주고 이것을 원작으로 애니메이션을 만들었다. 이와 더불어 김일성의 아내인 김정숙이 들려준 '산삼꽃' '다시 돌아온 곰' 등도 애니메이션이 되었다. 사회주의 사상 및 도덕적인 교훈뿐 아니라 이들이 들려준 이야기도 북한 애니메이션에서는 가장 중요한 주제다.[9]

다른 모든 영역과 마찬가지로, 북한의 아동 영화 역시 김일성·김정일 부자가 내린 교시로 일이 진척된다. 다음은 아동 영화와 관련하여 김일성 부자가 내린 주요 교시들이다.[10]

아동들을 교양하는 데서 아동 영화는 매우 감화력이 크고 인식 교양적 지위가 큰 위력한 수단의 하나이므로 만화 영화, 인형 영화를 많이 만들어야 한다.(1956년 6월, 해당부문 일군들에 대한 교시)

북한은 전쟁 직후부터 아동들에 대한 교양, 사상화가 민족의 장래와 관련된 중대한 문제라고 보고 일찍부터 아동 영화 창작에 관심을 보이기 시작했다. 1964년 12월 5일에 열린 당 중앙위원회 정치위원회 확대회의에서는 아동 영화의 중요성을 강조하고 아동 영화 촬영소를 만들기 위한 구체적인 과업이 제시되었다. 이 회의를 계기로 1965년 7월 조선아동영화촬영소가 애니메이션을 제작하기 시작한다.

만화 영화, 인형 영화, 지형 영화에서는 혁명 전통을 취급하지 말아야 한다.(1971년 1월 1일, '아동 교양에 좋은 영화를 더 많이 만들자', 김정일 교시)

김정일은 아무리 아동 영화를 잘 만든다고 할지라도 아동 영화의 캐릭터들이 실제 사람만큼 섬세하게 움직일 수 없고 복잡한 감정 세계와 심리적 현상들을 사람만큼 자연스럽게 표현하지 못하므로 항일 유격대원, 인민군대를 직선적으로 형상할 경우에는 자칫 이를 왜소하게 만들고 그 진실성을 잃어버릴 수 있다는 이유로 이를 금지하게 된다. 그 결과 북한 애니메이션 작품들은 혁명 전통 같은 심각한 내용을 취급하지 않게 되었고 이로 인해 오늘날 우리와 교류가 이루어질 수 있는, 수위가 낮은 작품들이 많이 만들어지게 되었다.

아이들을 가르침에 있어 중요한 것은 그것을 그들의 나이와 심리적 특성에 맞게 하는 것이다.(중략) 아동의 나이와 심리적 특성에 맞게 제작해야 하며, 직선적이 아닌 은유적으로 표현해야 아이들이 만화를 좋아한다. (1972년 1월 24일, '아동 영화는 교양적이고도 흥미 있게 만들어야 한다', 김정일 교시)

아이들은 기록 영화나 예술 영화보다 동화나 우화를 가지고 만든 만화 영화 같은 것을 제일 좋아하므로 당의 유일사상 체계와 혁명 전통을 직선적으로 표현해서는 안 된다고 말하고 있다. 즉, 사상을 논리적으로 주입하는 것이 아니라 흥미 있는 형상 속에서 감성적으로 받아들일 수 있게 만들어야 한다는 것이다. 이를 위해서는 동화나 우화 같은 것을 가지고 의인화의 수법으로 만들어 교양이 풍부하면서도 흥미를 끌 수 있도록 해야 한다고 본다.

아동 영화에서 봉건적이며 부르주아적인 영향을 주지 않
도록 철저히 경계해야 한다.(1974년 11월 6일, '과학교육영
화촬영소의 기본 임무에 대하여', 김정일 교시)

또한 봉건시대의 오래된 것들을 발굴하여 아동 영화를 만
드는 것에 치중하는 편향을 비판하고 공산주의 도덕 교양에
필요한 내용을 보다 재미있게 담아야 한다고도 지적한다.

그림 영화를 예술 영화화하면 안 된다.(1983년 12월 31
일, '「날개 달린 룡마」 창조 과정 지도', 김정일 교시)

다시 말해, 아동 영화는 어린이들의 특성에 맞게 간명한 이
야기 구조를 가져야 하며 환상적인 수법도 이에 맞게 적용해
야 한다는 점을 강조하고 있다. 즉, 성인화된 구성은 아이들의
특성에 맞지 않으므로 아무리 좋은 내용이라 하더라도 어린이
들의 공감을 받지 못하면 소용이 없다는 것이다. 이에 따라 아
동 영화 창작가들은 줄거리 전개와 환상 수법의 적용은 물론
대사와 음악, 효과 등 모든 형상 요소와 수단들을 어린이 시점
에 맞추어 쓸 것에 유념하게 된다.

동물 세계를 그린 아동 영화라고 하여도 유신론적으로
영화를 만들어서는 안 된다.(1985년 3월, '「때늦은 뉘우침」
작업 필름에 대한 지도', 김정일 교시)

25

여기에서 지적된 점은 아동 영화에서 환상세계를 보여줄 수 있다고 하더라도 신적인 조화를 보여주어서는 안 된다는 것이다. 신적인 조화 등을 보여줄 경우 그 작품은 진실성을 잃게 되고, 진실성이 없는 작품은 교양적 가치도 없다고 보기 때문이다. 따라서 동화적인 환상은 어디까지나 인물의 자주 정신과 자주적인 힘을 표현하는 데 국한되어야 함을 강조하고 있다.

북한은 매우 일찍부터 아동 영화에 관심을 보였다. 전쟁이 끝나고 복구에 온 힘을 쏟아야 할 때 아동 영화의 중요성을 인식하고 제작에 힘을 쏟았다는 것은 매우 독특한 일이다. 더구나 그러한 전후 시기에 아동에 대한 교육 목적이 선명했음에도 불구하고 혁명 전통 등의 사상 교육을 배제했다는 것도 주목할 만한 일이다. 물론 만화 영화 표현의 한계가 자칫 혁명의 진실성을 왜곡시킬 수 있다는 우려 때문이지만 당시의 우리에 비하면 아동에 대한 연구와 그 효율성에 대한 염두가 선진적이었다고 여겨진다(이는 당시 남쪽에서는 반공정신 고취를 목적으로 「똘이장군-제3땅굴」11)이 제작되어 큰 흥행을 거두었다는 사실과 비교된다). 아동 영화에 대한 북한의 이러한 특징들은 남한과의 교류가 이루어질 수 있는 바탕이 되었다.

아이들 교육의 완전판, 지덕체 교양에 주력

북한의 애니메이션은 아동 영화의 범주에 속하면서부터 제약의 연속을 벗어나지 못한다. 앞서 확인한 것처럼 심각한 주제를 언급해서는 안 되고 동화나 우화를 사용해서 재미있게 풀어내야 하며 환상에 치우쳐서도 안 된다. 무엇보다 아이들의 나이와 심리에 맞춰야 한다. 결국 이것저것 제외하고 나면 쓸 만한 것이 교육이다.

북한의 애니메이션은 아이들 교육의 '완전판'이라고 할 수 있다. 유치원에서 인민학교 학생까지 아이들을 대상으로 이들의 발달 과정에 맞춘 교양이 주로 다뤄지기 때문이다. 애니메이션이 언급될 때마다 빠지지 않는 것도 바로 '지덕체 교양'이다.

아동 영화 창작의 근본 목적은 어린이들에 지덕체 교육을 주는 데 있다. 어린이들의 년령적 특성과 그에 따르는 심리 세계, 의식 발전 등은 일정한 교육을 통해서만 발전의 걸음마를 내디딜 수 있으며 이것은 결국 공산주의의 후비대가 되기 위한 준비 단계라고 말할 수 있다. 때문에 어린이들의 지덕체의 교육을 주기 위해서는 정책적으로 의의 있는 다양한 주제의 아동 영화 등을 창작해내는 것이 무엇보다 중요하다. (『조선영화년감 1989』)

아동 영화는 주로 유치원 원아로부터 인민학교 학생들을 대상으로 만드는 것인 만큼 어디까지나 지덕체를 내용으로 하여 그들의 심리적 특성에 맞게 만들어야 하며 과학기술 지식을 주는 데 중점을 두어야 합니다. (『대화첩, 주체예술의 위대한 년륜』)

이처럼 북한의 애니메이션은 지덕체(智德體), 즉 지육(智育), 덕육(德育), 체육(體育) 등 교육의 세 분야를 망라하고 있다. 우리식으로 이야기하자면 'EBS 교재'인 셈이다. 지육은 지능 계발과 의식 함양을, 덕육은 덕성을 기르고 인격을 높이는 데 집중되고 체육은 몸과 온전한 정신 운동 능력을 기르는 교육을 일컫는다. 이렇듯 북한 애니메이션의 목적은 아이들의 성장 발달 과정에 맞춰 그들에게 필요한 지식과 교양을 성공적으로 전달하는 데 있다.

또한 북한의 애니메이션은 공산주의 사회에서 요구하는 인력을 양성해내기 위해 정책적 지원을 받고 있는 하나의 준비 단계로 균형감 있는 교육으로 미래의 용사들을 키워내는 것이 그 역할이다. 이와 관련 학교에서 배운 수학, 물리학, 화학, 생물학 등 과학 지식을 주요 내용으로 하는 애니메이션인 '지식 공고화 주제 작품' 시리즈도 등장하기에 이른다.

'지식 공고화 주제 작품'도 어린이들이 학교에서 배운 기초 지식을 공고히 하는 데 이바지함으로써 아동 영화 창작에서 중요한 자리를 차지한다. '지식 공고화 주제 작품' 창작에서의 중요한 문제는 내용에서 너무 일반적인 문제를 취급하거나 어린이들의 생활과 거리가 먼 생활을 취급하는 편향을 극복하는 것이다. (『조선영화년감 1993』)

'지식 공고화 주제 작품'이란 학교에서 배운 지식을 적절히 활용할 수 있도록 도와주는 작품들로 생활에서의 경험, 실질적인 사례를 제시함으로써 기초 지식을 활용하는 것을 보여주는 데 초점이 맞춰진다. 내용에 깊이가 있으면서도 어린이들의 감정과 취미에 맞는다는 점에서 긍정적인 작품으로 꼽히고 있다.

훌륭한 애니메이션의 기준도 여기에서 벗어나지 않는다. 지덕체 교양을 얼마나 진실한 동화적 영화 형상으로 담아냈는가, 어린이들의 감성에 충실한 작품인가에 따라 아동 영화에 대한 평가가 달라진다.

애니메이션이 지식 교양에 초점이 맞춰져 있다는 점은 조선과학교육영화촬영소가 발표한 '1987~1988년도 아동 영화 문학(시나리오) 현상 모집 요강'에서도 확인할 수 있다.

대중 창작 사업을 강화하는 데 대한 당의 방침을 높이 받들고 로동자, 농민, 사무원 등 광범한 근로자들 속에서 영화 문학 창작 사업을 활발히 벌이기 위하여 1987~1988년도 아동 영화문학 현상 모집 사업을 다음과 같이 진행한다.
  1. 모집하는 영화문학의 주제 방향
    ㄱ. 지식 교양을 내용으로 하는 동화, 우화로 된 영화 문학(여기서 기본은 인민학교 학생들을 대상으로

하여 학교에서 배운 기초 지식을 더욱 공고히 하
는 데 중심을 둔다)

ㄴ. 계급 교양, 사회주의 애국주의 교양, 공산주의 도
덕 교양을 내용으로 하는 동화, 우화로 된 영화 문
학(각색 작품은 제외한다) (『조선영화년감 1988』)

모집 요강에서 밝히고 있는 영화문학, 즉 시나리오의 주제
는 두 가지로 구분된다. 하나는 지식 교양을 내용으로 하는 것
이고 다른 하나는 계급 교양, 사회주의 애국주의 교양, 공산주
의 도덕 교양이다. 지식적인 측면 이외에도 다양한 분야의 교
육이 애니메이션을 통해 다뤄지고 있는 것이다.[12]

종이 애니메이션인 「달나라 만리경」(1987)의 경우 병에 걸
린 동생을 위해 약초를 구하러 떠난 형 토끼의 행적을 남쪽과
북쪽으로 차례로 대비시켜 보여준다. 작품은 세상에서 살기
좋은 나라는 북쪽 땅이라는 점을 강조하고 있다. 이처럼 사상
교육과 관련된 애니메이션이라 하더라도 그 내용은 대개 우회
적으로 풀어서 설명되고 있다.

하지만 북한 애니메이션의 무게 중심은 첫 번째 항목에 실
려 있다고 볼 수 있다. 특히 지식 교양의 경우 학교에서 배운
지식을 실생활에 적용하는 내용이어야 한다고 강조되고 있다.

주목할 것은 이러한 주제 전달의 효과적인 틀로 동화와 우
화가 사용되고 있다는 점이다. 앞서 살펴봤듯이 북한의 애니
메이션은 일반 영화와 달리 '아동 영화'로서의 특수성을 지니

고 있는 탓에 예술 영화와는 다른 창작 방법을 택하고 있다.

특히 1980년대 접어들면서 아동 영화의 성격이 동화, 우화로 풀어낸 아이들의 교양 함양으로 정착되면서 애니메이션의 주 범주도 여기에 국한되기 시작한다. 동화나 우화는 대부분 줄거리가 간단하고 사건도 명확해 아이들이 이해하기 쉽기 때문이다.

지형 영화「꾀 있는 개미」(1987)의 1부 '딸기 따는 날'을 예로 들어보자. 큰비가 내린다는 소식이 있자 빨간 개미, 검은 개미, 풍뎅이들은 장마철에 먹을 열매를 따러 간다. 날개가 있는 풍뎅이들은 날면서 딸기를 따지만 날개가 없는 개미들은 가시 많은 딸기나무에 올라가지 못하고 망설인다. 그러나 꾀 있는 빨간 개미는 넝쿨을 이용해 높이 뛰어올라 검은 개미와 함께 딸기를 딴다는 내용의 이 작품은 개미를 통해 탄성에 관한 지식을 알기 쉽게 설명하고 있다.

대개의 애니메이션은 의인화된 동물들을 주인공으로 내세워 생활 속에서 과학적 지식을 어떻게 활용하는지 쉽게 전달하고 있다. 이는 제목에서도 쉽게 발견된다.「령리한 너구리」(1987~)「1등은 누가 했나」(1988)「깡충이가 푼 숙제문제」(1989)「지혜로운 붉은 거부기」(1989)「꾀동이」(1990) 등의 제목들은 '꾀'나 '지혜'라는 단어를 사용함으로써 문제의 해결을 암시하고 있다.

반면「손해 본 너구리」(1987)「잘못 낀 안경」(1991)「쫓겨난 여우」(1993)「버림받은 뻐꾸기」(1997)「쫓겨난 거부기」

(1997) 「잘못 나눈 보약」(1999) 「봉변당한 게부기」(2001) 등은 나쁜 마음을 먹거나 지식을 잘못 활용해 실패한 사례를 다루고 있으며 「착한 토끼」(1989) 「착한 마음」(1995) 「셋째의 착한 마음」(1999) 「착한 동무」(2002) 등은 어린이들의 올바른 심성을 강조하고 있다.

이러한 특징 덕분에 애니메이션은 남북 교류 사업의 1순위로 거론되고 있다. 북한의 애니메이션에는 남북한의 문화적인 차이가 적게 나타나 양측의 어린이들이 서로 친근감을 갖게 되는 데 효과적이기 때문이다. 또 일반적인 영화 장르와는 달리 사상적인 내용이 노골적으로 언급되지 않는 데다 아이들의 교양에 치중해 있기 때문에 교육용으로도 손색이 없다는 평가다. 이미 국내에 소개된 작품들도 대부분 여과 없이 상영될 정도로 정치성은 드러나지 않는 수준이다. 이와 관련 북한의 애니메이션은 문화적 교류는 물론 아동 교육의 차원에서 꾸준히 검토되고 있다.

그럼에도 북한의 애니메이션은 역시 사회적 분위기에서 벗어나지 못한다. 북한의 애니메이션은 아이들의, 아이들을 위한 영화를 표방하고 있지만 정작 알맹이는 빠져 있다. 그들의 교과 과정은 충실하게 전달하고 있는지 모르겠지만 아이들의 감성보다는 교육적인 측면이 지나칠 정도로 강조됐기 때문에 일반적인 애니메이션에서 표방하고 있는 아이들의 꿈과 희망은 찾아보기 힘들다. 애니메이션은 그나마 북한 냄새가 덜한 장르 중의 하나지만 다양성을 배제한 획일적인 주제로 경직성을 벗어나지 못하고 있다.

주요 작품 맛보기

만화 영화를 중심으로 주요 북한의 애니메이션을 소개하면
다음과 같다.

「나비와 수탉」(그림 영화, 1977)

숲 속에서는 나비를 비롯해 곤충들이 평화롭게 놀고 있다.
근처 수탉이 나비를 쫓기 시작한다. 수탉은 물에 빠지면서도
계속해서 나비를 쫓지만 나비는 오히려 닭을 놀린다.

지친 틈을 타 닭이 나비를 붙잡을 찰나, 나비는 곤충들의
도움으로 살아나고 닭은 다시 물에 빠져 개구리와 물고기들에
게 골탕을 먹는다.

「재미있는 이야기」(연속편) 중 「세 동무」(그림 영화, 1987)

곰, 야옹이, 꿀꿀이는 학교에서 돌아오던 중 나뭇가지에 걸
려있는 연을 발견한다. 제일 먼저 곰이 뛰어가지만 야옹이가
잽싸게 연을 가져간다. 곰이 심술을 부리면서 연을 내놓으라
고 하지만 야옹이는 곰을 놀려댄다.

그러던 중 연줄이 끊어져 바람에 날아가고, 꿀꿀이가 돌을
매단 노끈을 이용해 연을 잡는다. 세 친구는 연을 날리면서 사
이좋게 집으로 돌아간다.

「달나라 만리경」(지형 영화, 1987)

달나라에 사는 동생 토끼가 병에 걸린다. 절구에 찧어서 만드는 '월계향'을 먹여도 낫지 않자 형 토끼는 맑은 아침의 나라로 약초를 구하러 떠난다.

맑은 아침의 남쪽 땅에 도착한 형 토끼는 잿빛 토끼를 만나 남쪽 땅의 모든 것이 불타서 약초를 구할 수 없다는 얘기를 듣는다. 약을 구하지 못하자 동생의 병은 더욱 깊어지고 형 토끼는 달나라의 박사 토끼의 충고대로 북쪽 땅으로 다시 내려간다. 형 토끼는 그곳에서 불로초, 산삼 등 귀중한 약초를 구해와 동생의 병을 고친다.

「손해 본 너구리」(인형 영화, 1987)

너구리와 사슴은 힘을 합쳐 딴 밤을 똑같이 나눠 가지자고 약속한다. 하지만 너구리는 사슴 몰래 다음날 크고 좋은 알밤과 작고 썩은 것을 골라 갖고 사슴 자루에는 쭉정이를 가득 넣어둔다. 너구리의 속셈을 알 리 없는 사슴은 너구리에게 큰 자루를 양보하고 결국 너구리는 쭉정이를 가지게 된다.

「호동 왕자와 낙랑 공주」(그림 영화, 1990)

고구려는 북으로는 부여, 동으로는 옥저, 서남쪽으로는 낙랑과 대치하고 있어 한시도 마음을 놓지 못하고 있던 차 낙랑의 왕 최리가 왜국에서 돌아온다는 소문이 들린다.

호동은 친구들과 낙랑으로 떠나고 최리의 초청으로 사냥경기에 나간다. 호동의 늠름한 모습에 낙랑 공주는 사랑을 느끼고 호동 역시 공주에게 빠진다. 한편 낙랑 공주는 아버지가 호동을 왜국의 인질로 삼아 고구려를 칠 계획이라는 것을 알게 된다. 호동을 도망시키지만 아버지가 야욕을 버리지 못하자 낙랑 공주는 자명고를 찢고 아버지 손에 죽는다.

「제일 큰 힘」(인형 영화, 1985)

개미들은 갖가지 열매가 열린 과일동산으로 과일을 따러 떠난다. 개미들은 혼자서 과일을 굴리기 힘들기 때문에 늘 힘이 센 장돌이에게 신세를 진다. 한두 번 도와주던 장돌이는 점차 개미들을 귀찮게 여겨 혼자서 열매를 굴려서 가 버리고 남은 개미들은 여럿이 힘을 모아 과일을 옮긴다.

하지만 도중에 길이 물바다가 되고 장돌이는 흰바위산으로 가다가 독거미에게 잡힌다. 다른 개미들은 풍차를 만들어 하늘로 날아가다가 거미줄에 묶여 있는 장돌이를 발견하고 꾀를 써서 구해낸다. 장돌이는 세상에서 제일 큰 힘은 여럿이 지혜와 힘을 모으는 것이라는 것을 깨닫는다.

「다람이와 고슴도치」(그림 영화, 1996)

밤 수확을 앞둔 다람이네는 족제비의 침입에 대비한다. 금빛 다람쥐는 곰에게 도움을 요청하고 곰은 이를 받아들인다. 다람이네는 고슴도치의 충고를 무시하고 곰만 믿고 아무런 대비를 하지 않는다.

족제비는 곰에게 술을 먹인 후 다람이네 마을을 침략하고 다람이네는 고슴도치의 도움으로 간신히 족제비들을 물리친다.

북한 애니메이션의 역사

북한 애니메이션의 역사는 한마디로 애니메이션의 독립기다. 애니메이션이 영화 장르의 구색용으로 출발해 아동 영화라는 하나의 장르로 자리매김하고 독자적인 촬영소를 갖추기까지의 과정이라 할 수 있다.

북한 애니메이션의 변천과정은 크게 네 부분으로 나눌 수 있다. 우선 1956~1970년은 애니메이션의 출발과 함께 기반이 다져진 때다. 첫 애니메이션 작품인 「쇠도끼와 금도끼」가 1960년에 창작됐고 애니메이션 창작을 담당하는 조선아동영화촬영소가 1965년 활동을 시작하면서 애니메이션 창작의 토대가 마련됐다.

1971~1986년에는 애니메이션의 창작 방향이 확립된 시기

이자 예술 영화와 아동 영화, 일반 영화와 애니메이션의 뚜렷한 구분선이 그어진 시기이기도 하다. 이 기간 동안 애니메이션은 동화와 우화를 활용한 어린이의 교양 지식에 중점을 둔 장르로 굳어진다.

1987~1995년은 북한 애니메이션의 전성기다. 10여 편에 지나지 않았던 애니메이션 제작이 20여 편으로 급증했고 대작 시리즈물인 「령리한 너구리」와 「소년장수」가 잇따라 창작됐다. 두 작품은 한 해에 적게는 4~7편 정도 제작되면서 애니메이션의 붐을 주도했다. 또 아이들의 지식 교양에 초점을 맞춘 다양한 작품들이 쏟아졌다.

1996년부터 현재까지는 애니메이션이 제2의 도약을 마련하는 시기다. 애니메이션 제작의 활성화를 위해 4.26아동영화촬영소가 독립됐고 첫 컴퓨터그래픽 애니메이션인 「환상 속의 세 동무」가 2002년에 만들어지는 등 기술적인 발전도 뒤따르고 있다.

시기 구분은 애니메이션의 창작을 담당하는 영화촬영소의 변화, 대표적인 작품들의 등장에 따라 이뤄졌다. 애니메이션의 역사는 전반적인 영화 흐름과 궤도를 같이 하겠지만 앞서 살펴본 것처럼 북한의 애니메이션은 영화의 한 장르면서도 아동 영화로서 특수성을 가지고 있기 때문에 영화 쪽을 참조하되 애니메이션의 자체적인 성과를 중심으로 살펴보기로 한다.

1956~1970년: 애니메이션의 기반 다지기

1956~1970년까지는 애니메이션의 출발과 함께 토대가 마련된 시기다. 영화 제작은 1947년부터 시작됐지만 애니메이션이 본격적으로 가동된 것은 1956년에 조선국립영화촬영소 내에 만화영화연구원이 설립되면서부터다. 때문에 애니메이션의 실질적인 역사는 이때부터라고 해도 과언이 아니다.

이전까지 애니메이션은 아동 영화로서 영화 창작의 일환으로 제작됐다. 1947년 2월 6일 북조선임시인민위원회에서 북조선국립영화촬영소의 설치가 결정되면서 여기서 아동 영화가 만들어졌다. 이후 전후 복구 작업이 한창일 즈음 김일성이 1952년 3월 27일 과학 영화 제작을 지시하면서 애니메이션도 제작된 것으로 알려지고 있다.

전쟁의 포성이 방금 멎어 온 나라가 잿더미를 헤치고 복구건설을 하느라고 긴장한 시기였지만 어버이 수령님께서는 아무리 돈이 들어도 아이들을 위한 영화는 꼭 만들어야 한다고 하시며 많은 자금을 들여 만화 영화와 인형 영화를 만들기 위한 자재와 설비들을 일일이 마련해주셨을 뿐 아니라 우리나라에서 첫 아동 영화「신기한 복숭아」「흥거운 들판」들이 나오게 해주셨다. (「과학, 아동 영화발전이 빛나는 년대기」,『조선영화년감 1993』)

이후 김정일의 교시에 따라 애니메이션은 제작 기반을 갖추기 시작한다. 1956년 6월 "아동들을 교양하는 데서 아동 영화는 매우 감화력이 크고 인식 교양적 지위가 큰 위력한 수단의 하나이므로 만화·인형 영화를 많이 만들어야 한다"는 교시가 있은 뒤 같은 해 8월 당중앙위원회 상무위원회에서 연구 사업으로 조선국립영화촬영소 내에 만화영화연구원을 설립할 것을 결정한다.

1957년에는 북한 최초의 아동 영화 「분단의 하루」가 제작됐고 1960년에는 첫 애니메이션 「쇠도끼와 금도끼」가 만들어졌다. 이와 함께 애니메이션 제작을 담당하는 촬영소의 규모도 점차 커져 만화영화연구원은 만화 영화 제작실을 거쳐 1960년 만화영화제작단으로 확대된다. 1964년 12월 5일 김정일은 당중앙위원회 정치위원회 확대회의에서 아동 영화의 중요성을 강조하면서 아동영화촬영소 설립에 대한 구체적인 과업을 제시하게 된다. 이를 계기로 기존의 만화영화제작단은 1965년부터 조선아동영화촬영소라는 독립단체로 활동을 시작했으며 애니메이션도 본격적인 창작 준비를 하게 된다.

1971~1986년: 창작방향의 확립

이 시기의 가장 두드러진 특징은 애니메이션의 창작 방향이 아이들을 대상으로 하는 지적 교양 이야기로 확립됐다는 점이다.

당시 북한의 영화 예술은 1970년 11월 조선로동당 5차대회의 강령에 따라 노동자들을 주체혁명적 세계관으로 무장시키는 작품들을 만드는 데 집중됐다. 이런 흐름 속에서 애니메이션의 제작 방향도 혼란을 겪은 것이 사실이다.

> 1970년대 들어서면서 영화 예술 부문 앞에는 온 사회의 주체사상화가 전면에 나선 새로운 력사적 현실의 요구에 맞게 영화 예술을 주체적으로 더욱 개화, 발전시켜야 할 력사적 과업이 제기되었다. (『조선대백과사전』 18권)

1970년대 초까지만 해도 이런 영화의 전반적인 분위기에 영향 받아 유격대원을 형상화하는 애니메이션이 등장하기도 했다.

하지만 김정일의 교시를 중심으로 애니메이션의 창작 방향은 영화와 구분되기 시작한다. 1972년 1월 24일 아동 영화가 아이들의 나이와 심리적인 특성에 맞게 교양적이고 흥미 있게 제작돼야 한다는 교시가 내려진 뒤 1974년 11월 6일에는 과학교육영화촬영소의 기본 임무로 봉건적이며 부르주아적이어서는 안 된다는 내용이 추가된다.

아동을 대상으로 하는 내용에 걸맞게 창작의 틀도 동물들에 초점이 맞춰져 내용에 맞게 형상화하는 것도 중요한 과제로 떠오르면서 의인화된 동물 또는 식물, 사물들이 등장하는 동화와 우화가 북한 애니메이션의 특징으로 자리 잡았다.

또 1971년 5월 조선아동영화촬영소가 조선과학교육영화촬영소로 통합되면서 애니메이션 창작도 탄력을 받기 시작했다. 조선과학교육영화촬영소는 어린이들을 공산주의 건설의 후비대이자 주체형의 공산주의 혁명가로 키우기 위해 아동 영화를 만드는 것을 목적으로 설립됐다. 애니메이션 제작은 산하에 조직된 만화영화창작단에서 이뤄졌다.

이 시기에는 김일성과 김정일이 들려준 동화를 영화한 작품들이 애니메이션으로 선보였다. 「나비와 수탉」(1977) 「두 장군 이야기」(1983)는 김일성이 들려준 동화를 영화화한 작품이고 「다람이의 고슴도치」(1977) 「호랑이를 이긴 고슴도치」(1984) 「도적을 쳐부신 소년」(1985) 등은 김정일의 동화를 각색한 것이다. 1985년에는 어린이들의 정서와 심리에 맞는 작품들이 많이 창작되었는데, 대표작으로는 「도적을 쳐부신 소년」 「재미나는 이야기」 「여우가 놓은 다리」 「차에서 떨어진 승냥이」 등이 있다.

이 무렵 애니메이션의 소재로 채택된 것이 대부분 김일성과 김정일의 동화라는 점은 아동 영화가 제한적이나마 당 정책에 호응하고 있다는 의미로 풀이될 수도 있다. 애니메이션이 영화와는 달리 동화나 우화를 기본틀로 채택하고 있지만 소재를 취할 수 있는 창구는 개인에 초점이 맞춰져 일원화됐기 때문이다. 김일성과 김정일의 동화를 토대로 제작된다는 점에서 애니메이션은 김정일이 직접 챙기고 있는 예술 영화와 어느 정도 창작 방식에서 통한다고 볼 수 있다.

1987~1995년: 애니메이션 전성기

이 시기의 북한의 애니메이션은 전대에 갈고 닦은 제작 기반과 창작 방향을 토대로 전성기를 맞이한다..

우선 양적으로 풍성해졌다. 이전까지 10여 편 남짓 제작되던 애니메이션은 1990년대 이후 20여 편으로 급증했다. 애니메이션 제작편수는 1985년 8편에서 1987년 14편으로 두 배 가까이 뛰어오른 뒤 1988년 19편, 1989년 19편, 1990년 20편으로 늘어났으며 이후에는 연간 20편을 웃돌게 된다.

이 시기의 양적 팽창은 그림 영화에서 비롯된다. 지형 영화와 인형 영화는 이전과 비슷한 수준인 반면 그림 영화는 확연하게 제작편수가 증가했기 때문이다. 이는 다부작 아동 영화, 시리즈물이 연간 15편 가량 제작된 것과 무관하지 않다.

둘째 '다부작 아동 영화'라는 굵직한 시리즈물이 등장하는 등 다양한 형식과 내용의 작품들이 창작됐다. 인기 애니메이션인 「령리한 너구리」와 「소년장수」가 각각 1987년, 1988년부터 창작되기 시작했으며 두 작품의 시리즈 제작은 1990년대 후반까지 이어진다. 장편 애니메이션 「호동 왕자와 낙랑공주」(1990)도 선보였다.

또 앞서 1986년까지 확립된 아동 영화의 형식적인 틀을 토대로 내용면에서 아이들의 교양에 걸맞는 작품들이 쏟아졌다. 어린이들의 특성에 맞게 민족제일주의 사상과 애국 정신, 생활에서 경험과 교훈을 통한 체험, 현실에서의 문제 해결 능력

등 다양한 주제들이 동화적인 형성과 의인화된 수법으로 창작됐다. 대표작으로 「소년장수」(1988) 「박새네 새집」(1988) 「1등은 누가 했나」(1988) 등이 있다. 이러한 경향은 「소년장수」 시리즈가 연달아 제작되는 1990년대 중반까지 이어진다.

이와 함께 지덕체 교육과 학교에서 배운 지식들을 다지는 작품들도 하나의 흐름을 형성했다. 「산삼꽃」(1989) 「범을 타고 온 소년」(1989) 「토끼와 사자」(1989) 등 김일성과 김정일이 들려주는 창작동화를 옮기는 작업도 활발하게 이뤄졌다.

이 같은 성과는 애니메이션의 주 대상인 어린이들이 새로운 것에 대한 반응이 빠른 데서 비롯된 것으로 풀이됐다. 『조선영화년감 1988』에 따르면 1987년에는 이전에 보이지 않았던 주제와 형식의 아동 영화들이 등장해 좋은 결실을 맺었다.

셋째, 창작의 대중화를 꼽을 수 있다. '아동 영화문학 통신원'들을 통해 일반인들의 참여도 활발하게 이뤄졌다. 이는 애니메이션의 주된 소재였던 김정일과 김일성의 동화에서 벗어나 다양한 시도가 이루어진 것으로 풀이할 수 있다.

> 전국 각지에 널려 있는 수백여 명에 달하는 통신원들과의 사업을 당의 방침에 따라 진행하기 위하여 2차에 걸친 통신원들의 집중 창작 전투와 강습을 진행, 또 중요 지구들에 아동 영화문학 통신원 소조들을 조직하고 그를 거점으로 사업을 본격적으로 내밀었다. 그리하여 이 해의 통신원 작

품 투고 건수는 총 70여 편으로 전해에 비해 13% 성장하였고 그중 12편은 현상 응모에 당선되고 두 편의 문학은 같은 해에 영화로 제작되었다. (『조선영화년감 1989』)

아동 영화문학 통신원들은 1989년에는 800명에 달했으며 이들의 작품 중 일부는 영화 제작으로도 이어졌다. 주민들의 영화에 대한 관심 제고와 유능한 영화문학 작가의 발굴 등을 목적으로 각종 '영화문학 현상 모집' 행사도 활발하게 벌어졌다. 연례적인 영화문학 현상 모집은 일반 영화문학과 아동영화 문학으로 나뉘어 김일성 생일인 4월 15일과 당 창건일인 10월10일을 기념해 두 차례 실시되고 있다.

한편 이 시기에는 북한의 애니메이션이 대외적으로도 실력을 인정받게 된다. 주로 프랑스, 이탈리아, 스페인, 폴란드 등 유럽 국가들로부터 주문을 받거나 합작이 이루어져 「가르간 츄아」 「아라비안나이트」 「레미제라블」 「사자왕 신바」 「타이타닉」 등이 제작됐다.

또 외국 애니메이션 제작사와의 친선 왕래도 활발했다. 『조선영화년감 1993』에 따르면 1992년의 경우 북한의 만화영화 합작대표단이 프랑스를 방문했으며 일본 도에이도 만화영화 대표단, 프랑스 만화영화대표단, 일본 만화영화대표단, 프랑스 픽스보스 만화영화대표단이 각각 북한을 방문해 교류 문제를 협의했다.

1996년~현재: 제2의 도약 마련

이 시기에는 4.26아동영화촬영소가 독립하면서 제2의 도약의 발판이 마련되고 이와 함께 해외 합작도 활발히 진행된다.

1996년 말 조선과학교육영화촬영소가 조선기록과학영화촬영소로 개명되면서 아동영화촬영소는 현재의 4.26아동영화촬영소로 독립했다.

당의 지도 노선이 사상 통제와 사상 교양을 강화하는 방향으로 전환되면서 애니메이션도 어린이들을 사상적으로 교양하는 무기가 돼야 한다는 목소리가 나오기 시작한다. 조선작가동맹 중앙위원회 기관지인 『문학신문』 2003년 10월호에서는 문학 예술을 선군 시대의 요구를 반영한 선군 문학 예술로 발전시키는 것이 매우 중요하며 아동 영화도 어린이들을 선군 사상으로 교양하는 위력한 무기가 돼야 한다는 주장이 제기됐다. 그 예로 「다람이와 고슴도치」 「소년장수」가 언급되면서 두 영화는 당의 자위적 군사노선의 정당성과 선군정치의 필요성을 동화적 화폭으로 보여준 성공작으로 평가됐다.

또 「령리한 너구리」가 2001년까지 52편이 제작된 가운데 2000년에 접어들면서는 집단 생활의 도덕 교양을 심어주기 위한 작품들이 제작됐다. 대표작으로는 「방울 소리」(2000) 「멍멍이의 글씨」(2001) 「보금자리는 어디일까요」(2003) 「천년바위를 이긴 물방울」(2002) 「잃어버린 1년」(2003) 「전화 소동」(2003) 등이 있다.

기술적인 발전도 눈에 띈다. 4.26아동영화촬영소는 1998년 「셋째의 착한 마음」의 일부 장면에 최초로 컴퓨터를 이용한 3D를 도입한 이후 2002년에는 20분짜리 첫 컴퓨터그래픽 애니메이션 「환상 속의 세 동무」를 선보였다.

또 4.26아동영화촬영소 이외에도 해외 합작을 담당하는 애니메이션 스튜디오가 잇따라 설치되면서 새로운 도약 기반이 마련됐다. 또한 남한의 민족네트워크와 평양정보센터 간의 남북 합작 애니메이션 사업 계약에 따라 평양정보센터 만화영화 창작단이 2004년 6월에 만들어졌으며 삼지연창작사는 같은 해 8월 중국 단동에 중국 기업과의 합작 형식으로 설치됐다.

북한 애니메이션의 대표작: 「령리한 너구리」 「소년장수」 「날개 달린 룡마」

다부작 만화 영화: 「령리한 너구리」와 「소년장수」

「령리한 너구리」와 「소년장수」는 북한의 대표적인 인기 애니메이션이다. 1980년대 후반 '다부작 아동 영화'라는 시리즈물로 등장하면서 북한 애니메이션의 전성기를 활짝 연 작품이기도 하다.

두 작품은 여러모로 좋은 비교 대상이 된다. 「령리한 너구리」는 매회 동일한 등장 인물이 등장해 완결된 하나의 이야기로 구성되는 옴니버스 구성을 따르고 있는 반면 「소년장수」는 드라마처럼 계속해서 이야기가 이어지는 방법을 따르고 있다. 또한 「령리한 너구리」는 만화체를 채택하고 있는 반면

「소년장수」는 삽화체를 선보이고 있다.

또 내용면에서도 확연하게 구분된다. 「령리한 너구리」는 어린이들의 지덕체 교양을 강조한 애니메이션의 대표작이고 「소년장수」는 민족제일주의와 애국 정신을 담은 애니메이션의 모범사례로 일컬어지고 있다.

「령리한 너구리」: 아는 것이 힘이다

「령리한 너구리」는 1987년 처음 등장해 2001년까지 총 52부작이 제작된 시리즈 애니메이션이다. 편당 15분 내외로 구성되며 너구리, 곰, 고양이 등 의인화된 동물들이 등장하는 동화 형식을 취하고 있다. 아이들의 이해를 돕기 위해 대사는 짤막한 수준으로 진행되고 음악과 효과음으로 재미를 준다.

예를 들면 1부 '스키 경기'의 경우 첫 장면부터 설원을 가르는 세 명의 주인공을 박진감 넘치게 보여준다. 시작한 뒤 10분까지는 대사가 거의 없으며 눈살을 가르는 소리, 친구들의 응원, 감탄 등으로 채워진다.

줄거리도 단순하다. 너구리, 고양이, 곰은 매회 다양한 경기를 펼치는 가운데 제목에서 알 수 있듯이 주인공 너구리가 어떤 식으로 지식을 활용하는가에 초점이 맞춰진다. 이야기는 너구리가 학교에서 배웠던 지식을 효과적으로 활용해 승리하는 것으로 마무리된다.

「령리한 너구리」

「령리한 너구리」의 1부 '스키 경기' 편에서는 스키 경주를 통해 관성의 원리가 실감나게 그려졌고 2부 '높이 재기' 편은 그림자의 비례를 통해 놓은 곳에 올라가지 않고도 높이를 잴 수 있다는 것을 보여준다. 3부 '바람개비' 편과 4부 '후보 선수' 편은 각각 바람개비를 통한 원심력과 행성마다 다른 중력의 이야기를 흥미롭게 풀어낸다. 이런 점에서 「령리한 너구리」는 지덕체 교양을 담아낸 대표적 애니메이션으로 평가받고 있다.

매번 경기마다 배운 지식을 쓸모 있게 리용하여 언제나 1등을 하는 너구리. 그런가 하면 동무를 사랑하고 몸 단련도 잘하여 동무들의 사랑을 받는 너구리를 반영한 아동 영화 「령리한 너구리」의 런속편들은 어린이 교육과 지능 교육에 의의 있는 문제들을 제기하였다. (『조선영화년감 1992』)

이처럼 「령리한 너구리」가 어린이의 교육과 지능 교육에 효과적인 데는 이야기 형식에 힘입은 바가 크다.

북한 애니메이션에서 지식의 활용 유형은 다음과 같이 구분된다.[13] 우선 지식이 응용되는 경우는 1)주인공이 문제를 풀어가는 과정을 대비적으로 보여주는 것과 2)주인공이 적대적인 인물로 빠지게 된 궁지를 지식으로 극복해가는 것으로 구분된다. 1)의 경우 작품에서 제시된 문제를 해결해나기는 과정에서 긍정적인 인물과 부정적인 인물을 대비시켜 보여주는 데 주력한다. 관심사도 '과연 누가 올바르게 푸는가'에 맞춰진다. 2)는 문제 해결 자체보다는 주인공이 난관을 헤쳐 나가는 과정을 중심으로 한다.

이외 지식이 응용되지 않은 애니메이션은 1)주인공이 지식을 몰라 의도와 결과의 불일치를 가져오는 경우 2)주인공이 지식을 몰라 봉변당하는 경우 3)주인공이 지식이 없어 다른 인물을 오해하는 경우 등으로 구성된다.

「령리한 너구리」는 지식이 응용되는 첫 번째 경우에 해당하는 작품이다. 너구리는 머리를 써서 지혜롭게 문제를 해결하는 긍정적인 모델로, 곰과 고양이는 지식을 제대로 활용하지 못하는 부정적인 모델로 그려진다. 이야기는 매회마다 두 인물을 번갈아 보여주면서 아이들이 올바른 방법을 익힐 수 있도록 유도하고 있다. 겉보기에 재빠른 고양이나 곰에 비해 둔해 보이는 너구리가 지혜롭게 문제를 풀어나간다는 설정으로 극적인 재미를 안겨준다.

특히 「령리한 너구리」의 4부 '후보 선수'에서는 이 같은 방식이 효과적으로 활용된다. 작품은 시그마 행성에서 개최되는 권투 경기를 화제로 보여준 뒤 경기 참가 자격의 요건인 몸무게 10kg을 너구리와 곰이 어떤 식으로 만들어 가는지에 대해 양쪽을 번갈아가면서 보여준다. 15kg인 곰은 감량을 시도하고 8kg의 너구리는 살 찌우기에 돌입한다.

여기서 시그마 행성에서 10kg급 권투 경기를 한다는 소식 자체가 아이들에게 의문표를 던져준다. 그리고 몸무게를 줄이는 곰과 계속 먹고 자면서 몸을 내는 너구리의 행동을 대조시키면서 이야기를 끌고 나가다가 누가 옳았는지를 현실적으로 보여줌으로써 어린이들이 마음을 조이면서 영화를 보게 한다. (『조선영화년감 1988』)

「령리한 너구리」의 재미도 여기에 있다. 매회 다양한 지식의 활용을 보여주면서 대결 구도를 흥미진진하게 보여주기 때문이다. 작품에 제시된 운동 경기는 결국 지혜 겨루기로 압축되고 예상치 못했던 인물의 선전으로 이야기는 흥미롭게 펼쳐진다.

「소년장수」: 애국 정신에 호소

「소년장수」는 「령리한 너구리」와 함께 북한에서 가장 인기 있는 애니메이션 중 하나다. 방영될 때마다 "소년장수의 운명은 어떻게 되는가" "계속편을 빨리 방영해 달라"는 등 시청자들의 성화에 시달린 것으로 알려지고 있다.

고구려 무사인 용감한 소년장수의 투쟁 이야기를 보여주는 아동 영화 「소년장수」. 용감한 소년장수와 더불어 지혜 있는 무사로 자라나는 예동이와 날새, 범동이 그런가 하면 악착하기 그지없는 원쑤들인 호비와 이리, 미라의 몰골……. 올해 어린이들의 사랑을 완전히 독차지한 아동 영화 「소년장수」는 그 련속편의 부수와 내용에 있어서도 높은 성과를 이룩하였다. (『조선영화년감 1992』)

　　다 보아서 알겠지만 방대한 인물군상을 이룬 아동 영화 「소년장수」는 매부마다 독특한 문학적 주제를 가지고 있으면서도 슬기롭고 용감한 우리 민족제일주의 정신이 체현되어 있는 우리 식의 다부작 아동 영화입니다. 아마 세계적으로도 드물 것입니다. (「10월의 축전장으로 달리는 과학, 아동 영화창작가들」, 『조선영화』 1994년 8호, 문학예술종합출판사, 1994)

「소년장수」는 1988년 첫 시리즈가 등장한 뒤 1997년까지 50부가 제작됐으며 100부까지 예정돼 있는 대작 시리즈물이다. 북한 애니메이션에서는 보기 드물게 삽화체 그림이 사용됐으며 분량은 매회 20분 정도다. 「령리한 너구리」가 매회마다 다른 이야기가 펼쳐지는 반면 「소년장수」는 전체적으로 앞부분의 내용이 이어진다. 아이들의 이해를 돕기 위해 첫 머리마다 해설을 통해 줄거리를 간략하게 설명해주는 방식을 취

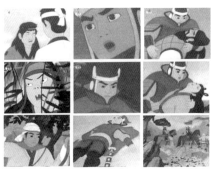

하고 있으며 인물간의 대사도 짧게 이뤄지고 있다.

화면 영상도 애니메이션에서 일반 만화체 작품보다 한 단
계 업그레이드됐다는 평가다. 작품의 하이라이트에 해당하는
역동적인 장면들이 영상으로 실감나게 그려졌기 때문이다.

영화의 7부에서 함정에 들어갔던 쇠메가 준마와 함께 날
아 나오며 활에 맞은 비형장을 걷어안고 내달리는 격동적인
장면과 쇠메가 달려 나가며 적들을 무자비하게 족쳐대는 통
쾌한 장면, 그리고 예동이가 담장을 타고 넘어올 때 국화가
키질을 해대는 그 섬세한 장면 등 이 작품의 훌륭한 원도형
상들은 아동 영화의 극치를 이루는 명화면들로서 작품의 사
상 예술적 수준을 높였다. (『조선영화년감 1989』)

「령리한 너구리」가 지식 해결의 과정에 초점을 맞췄다면
「소년장수」는 민족 제일주의와 애국 정신을 주제로 삼고 있

다. 고구려 시대를 배경으로 아버지의 원수를 갚은 아들의 이
야기로 인물의 갈등이 두드러지는 작품이다.

이런 점에서 「소년장수」는 민족 정신이 반영된 독특한 '우
리식 다부작 영화'로 각광받고 있다. 규모면에서도 다른 작품
들을 압도하고 있지만 지식 교양 위주의 애니메이션이 주류를
이루는 가운데 이처럼 민족주의와 애국 정신에 호소하는 시리
즈물은 처음이기 때문이다.

> 아동 영화 「소년장수」는 내용과 형식에서 우리식의 독특
> 한 다부작 아동 영화라고 말할 수 있다. 영화는 우리 민족제
> 일주의 정신과 애국주의 사상을 총체적인 주제로 내세우고
> 그것을 일관하게 살려내면서도 부마다 자기의 독특한 예술
> 적 형상을 창조하였다.(중략)
> 영화는 고구려의 나이 어린 주인공들이 싸움의 길에서
> 성장하는 모습을 형상화함으로써 애국주의 사상을 일관하게
> 살리면서도 인물 관계, 사건 전개와 행동 묘사들을 흥미 있
> 게 펼쳐 보이고 있다. 특히 제26부 '맹세', 제28부 '돛배 우
> 에서의 격전', 31부 '횃불 신호'에서는 등장하는 인물의 성
> 격을 개성화하여 극적 관계를 맺어주고 있으며 비반복적인
> 형상을 창조함으로써 영화의 견인력을 높이고 있다. (『조선
> 영화년감 1993』)

전체적인 줄거리를 유지하는 가운데 매회 흥미로운 이야기

를 끌어가는 방식도 신선하다. 인물 간의 갈등이 비중 있게 다뤄지고 있어 기존의 애니메이션보다 감정 이입이 수월하게 이뤄질 가능성도 높다.

무엇보다 「소년장수」는 이러한 요소들이 어우러져 아이들의 감성에 강하게 호소하는 작품이라는 점에서 여타의 작품들과 구분된다. 그간 애니메이션의 주된 주인공은 동물들이었기 때문이다. 「소년장수」의 롱런의 비결도 여기에 있다.

장편 만화 영화: 「날개 달린 룡마」, '수령님'이 들려주신 이야기

「날개 달린 룡마」는 김일성이 들려준 이야기를 소재로 제작한 대표적인 애니메이션이다. 처음 제작된 시기는 알려져 있지 않지만 재작업이 이루어진 것은 김정일 위원장이 "아동 영화를 예술 영화(극영화)화해서는 안 된다"며 아동 영화의 특수성을 강조했던 1983년이다. 그래서인지 「날개 달린 룡마」는 어린이의 눈높이로 제작되어 북한 사회가 애니메이션은 곧 어린이용이라는 인식을 갖게 했다.

10여분 내외의 짧은 개별 에피소드로 진행되거나 「소년장수」 「령리한 너구리」와 같은 시리즈물 등과 같이 다부작 애니메이션이 선호되는 북한에서 「날개 달린 룡마」는 보기 드문 장편 애니메이션이다. 이 작품에서는 민담에서 많이 볼 수 있는 '세 형제 이야기'의 틀에 '호국 정신'을 첨가하였는데,

「날개 달린 룡마」

줄거리는 다음과 같다.

옛날 왜적의 침입이 잦던 때에도, 북마을만큼은 왜적 걱정 없이 지내고 있었다. 북마을엔 커다란 북바위와 보석북채가 있었는데, 보석북채로 북바위를 치면 마을 사람들한테는 힘을 주고, 왜적들의 힘은 빼앗았다. 보석북채는 북지기 노인이 지키고 있었다. 노인에겐 아들이 셋 있었는데, 하나같이 성품이 바르고 무예가 뛰어났다. 세 형제는 매일 말 타기와 무예를 연마하며 우애 있게 살고 있었다.

어느 날 왜적들은 몰래 보석북채를 부러뜨린다. 왜적의 침입을 막아내기 위해선 누군가 구룡산에 가서 새 보석부채를 구해 와야 하는데 구룡산은 웬만한 말로는 갈 수 없이 험한데다가, 언제 왜적이 쳐들어올지 알 수 없기 때문에 사슴골 할아버지에게서 날개 달린 룡마를 구해 타고 가야 한다. 북지기 노인의 세 아들 중 첫째가 먼저 나서지만 첫째 아들은 힘만 셀

뿐 말 타는 솜씨가 서툴러 룡마를 타는 데 실패한다. 둘째 아들은 말 타는 솜씨가 뛰어나고 재주가 많지만 두려움이 많아 구월산에 가지 못한다. 마지막으로 나선 막내는 형들보다 힘도 약하고 재주도 없지만, 매일 밤 연습한 결과 룡마를 잘 다루어 길을 떠난다. 룡마 덕분에 무사히 보석북채를 얻어 마을로 돌아온 막내는 왜적들을 내쫓고 마을의 평화를 되찾는다.

이처럼 「날개 달린 룡마」는 힘과 재주도 중요하지만 그보다 더욱 중요한 것은 지혜와 노력이라는 것을 세 형제의 특성에 빗대어 강조하는 전형적인 이야기 구조를 따르고 있다.

영웅(막내)이 성공(보석북채를 가져오는 것)에 이르는 과정도 우리에게 익숙하다. 보석북채를 잃은 마을에 왜적이 쳐들어오기 전에 새 북채를 얻어야 하는 긴급한 과제를 수행하기 위해 막내는 여러 시험과 고난을 이겨내야 한다. 보석북채가 있는 구룡산에 가기 위해선 사슴골의 룡마를 타고 가야 하지만 사슴골에 가는 것도 만만치 않다. 험한 산을 넘어야 하며 땅이 갈라지는 등의 우여곡절 끝에 막내는 사슴골에 닿지만 룡마로부터 주인으로 인정을 받아야 한다. 심성이 착하고 평소 말 타는 연습을 게을리 하지 않았던 막내는 무사히 룡마를 얻는다. 사슴골 노인은 막내에게 "밤이 깊었으니 자고 새벽에 출발하라"고 하지만 막내는 "한시가 바쁜데 어찌 쉴 수 있겠냐"며 길을 나선다.

가는 길에 막내는 제일 먼저 피는 달맞이꽃의 이슬을 따서 구월산에 가야 한다. 하지만 구월산으로 가는 길엔 검푸른 구룡강이 버티고 있어 강을 건너려는 사람의 용기를 시험한다. 두려움에 돌아선 둘째와 달리 막내는 굳은 의지로 강을 건너고 그 용기에 탐복한 구룡강의 신도 길을 열어준다. 구룡산에 도착한 막내가 달맞이꽃의 이슬을 보물동굴 입구의 돌부엉이에게 뿌리고 황금열쇠를 언어 그것으로 보물동굴의 문을 연다. 동굴 안에는 갖가지 보물들이 쌓여 있었지만, 막내는 그 보물들을 탐하지 않고 오직 보석북채만을 집어든 채 자신을 기다리는 마을로 향한다.

수많은 난관과 시험에 흔들리지 않고 그것을 이겨낸 후에야 마을을 구할 수 있었던 막내의 이야기를 들으면서 아이들은 용기와 의지를 배운다. 영웅이 성장해가는 전형적인 구도를 따라 가다보면 자연스레 꿈을 키우게 된다.

이야기의 완성도뿐만 아니라 연출과 시각적 효과도 뛰어나다. 다소 속도감이 떨어진다는 단점은 있지만 장면을 비약하는 일본 애니메이션과 달리 풀 프레임을 사용해 부드러운 동작을 그려낸다. 이러한 점은 해외에서도 인정받아 「날개 달린 룡마」는 1986년 Varna International animation Film Festival에서 수상함으로써 북한 애니메이션의 작품성과 기술을 입증하기도 했다.

산업적으로 본 북한의 애니메이션

　가끔 뉴스 화면이나 자료 화면으로 보았던 북한 애니메이션
은 좀 고전적인 게 사실이다. 정치나 사상이 드러나 있는 것은
아니지만 북쪽 작품들의 그림풍이나 칼라, 연출에선 1970~
1980년대의 향수마저 느껴진다. 하지만 이것이 북한 애니메이
션의 전부는 아니다. 북한 애니메이션은 일반적인 선입관과 달
리 기술적 수준이 높고 산업적인 체계도 상당히 선진적이다.

　1990년 이전까지의 북한 애니메이션 산업은 극장용, TV용
등 영화용 애니메이션이 주류였지만, 최근 국가 IT 중심의 컴
퓨터기술 발전정책에 따라 새롭게 애니메이션 산업이 발전하
고 있다. 북한에서는 일반적으로 2D를 아동 영화라 부르고,
3D컴퓨터 애니메이션을 '삼디(3D)'라고 하면서 게임, 소프트

웨어, 인터넷, 모바일 등 다양한 영역으로 확장하고 있는 추세다. 특히 3D애니메이션은 초기부터 외국과 연계하여 주로 해외 납품용으로 제작되고 있는데, 애니메이션 제작 회사와 제작인력도 점차 세분화·전문화되어 해외의 까다로운 주문을 모두 소화하고 있다.

북한의 애니메이션 제작회사

북한 아동 영화의 산실 '4·26아동영화촬영소'

북한에서 애니메이션을 만드는 곳으로는 '4·26아동영화촬영소'가 유일했지만 최근 사업이 다각화됨에 따라 여러 애니메이션 스튜디오가 독립해 나오는 추세다.

4·26아동영화촬영소[14]는 1958년 '조선아동영화촬영소'로 출범하여 1971년 '조선과학영화촬영소'와 통합, '조선과학교육영화촬영소'로 확대·개편되었다가 1996년 만화 영화 부분이 분리되어 4·26아동영화촬영소가 되었다. 4·26아동영화촬영소는 2004년까지는 북한 유일, 최대의 애니메이션 제작 기관이었고 애니메이션과 관련된 북한의 모든 활동과 북한 내에서 제작된 모든 애니메이션을 주도했다. 북한 아동 영화는 몇몇의 예술 영화를 제외하고는 거의 이곳에서 제작된다.

촬영소에는 모두 13개의 창작단이 있는데, 이 중 두 개는 국내물을 만드는 '국내창작단'이고, 한 개는 컴퓨터 미술을 담당하는 '컴퓨터3D창작단', 나머지 열 개는 모두 해외 하청일을 하는 '합작창작단'이다. 제작 인원은 전해지는 바에 따라 조금씩 다른데, 1,200명에서 2,000명에 이른다고 알려져 있으며 매년 여러 편의 장편 및 단편 120편을 제작하고, 연간 OEM 수입은 450만 불 이상이다.

4·26아동영화촬영소는 제작뿐 아니라 인재 양성에서도 큰 역할을 맡고 있다. 35년의 역사를 지닌 만큼 촬영소에는 제작 체계가 잘 갖추어져 있고 북한의 유능한 전문 인력들이 일하고 있다. 북한에서 알아주는 애니메이터가 되기 위해 마지막으로 거쳐야 할 관문이 바로 4·26아동영화촬영소다. 북한에서 애니메이터가 되기 위해서는 대체로 고등중학교(중고등학교)의 미술 소조(동아리), 미술 대학, 4·26아동영화촬영소의 기술학교를 거쳐야 한다.

촬영소는 미술 대학을 마친 인재들을 이 기술 학교에 입교시켜 3년간 실무 교육을 시킨 뒤 제작 현장에 투입하는 것을 원칙으로 삼고 있다. 강사는 촬영소의 애니메이터들이 직접 맡으며, 자체적으로 축적된 경험으로 만든 교재를 사용한다. 또 애니메이터들에게 외국 애니메이션계의 추세를 파악하고 선진 제작 감각을 길러주기 위해 전 종업원을 상대로 매주 토요일에 미국 등 해외 유명 애니메이션을 상영하고 그 소감을 토의하도록 한다. 이렇게 오랜 시간 동안 양성된 전문 인력들과 현대적인 촬영 설비들 및 녹음시설을 갖추고 있어 4·26아동영화촬영소의 제작 능력은 세계에서도 인정받는다.

평양정보센터 만화영화창작단

만화영화창작단은 평양시인민위원회 산하의 IT 연구개발기관인 평양정보센터 내에 위치한 애니메이션 스튜디오로, 남한의 민족네트워크와 평양정보센터 간의 남북 합작 애니메이션 사업 계약에 따라 2004년 6월에 설치되었다. 북한에서는 4·26 아동영화촬영소에 이어 두 번째로 생긴 애니메이션 스튜디오다.

창작단에는 모두 30명의 애니메이터들이 일하고 있으며 주로 민족네트워크에서 수시로 제공하는 애니메이션 일감을 전담해서 처리한다. 제작 범위는 원화 및 동화 작화, 디지털 채색 등 메인 프로덕션에 국한된다.

삼지연창작사

삼지연창작사는 2004년 8월 중국 단동에 중국 기업과의 합자 형식으로 애니메이션 스튜디오를 꾸렸고, 이곳에 15명의 애니메이터들이 평양에서 파견되어 중국 애니메이션 업계를 대상으로 독자적인 영업 활동을 하고 있다. 중국을 거점으로 경제 활동 차원에서 2003년 수예, 유화, 조선화 등을 주문 제작하는 사업을 벌여오다가 2004년에 애니메이션으로 사업영역을 넓혀 애니메이션 하청 제작에 주력하고 있다.

조선컴퓨터센터

조선컴퓨터센터는 북한 소프트웨어 산업의 중심기지로 컴퓨터그래픽 응용을 전문으로 하는 컴퓨터미술팀이 이곳에 있다. 2D디자인 인력과 3D창작집단을 가지고 있으며 북한의 멀티미디어 제작 체계를 세워 경험과 기술을 축적하고 있다. 삼지연정보센터, 오산덕정보센터 등 10개의 주요 개발기업소가 소속되어 있으며 각 개발기업소별로 특화된 전문 개발 분야를 가지고 있다.

김책공업종합대학

김책공업종합대학은 북한 최대의 공업종합대학이다. 1984년 9월 김일성종합대학교의 공학부와 철도공학부를 모체로 하는 평양공업대학으로 설립되었다가 1951년 전쟁 중 사망한 김책 사령관의 이름을 붙여 개칭하였다. 2D, 3D기술이 뛰어나고 각종 애니메이션 툴을 응용하는 제작 능력을 가지고 있다.

김일성종합대학

김일성종합대학은 1946년 설립된 북한 최고의 명문 대학이다. 대학 내 정보센터는 개발1팀과 2팀으로 나뉘어 3D기술을 위주로 2D게임, 휴대폰 게임 등의 멀티미디어 작업과 컴퓨터 그래픽 시장을 개척하려 하고 있으며, 웹콘텐츠 제작은 물론 TV연속물 애니메이션이나 극장용 장편 애니메이션, 영화의 SFX 장면들을 제작하는 방향으로 나아가고 있다.

삼천리총회사

조선민족경제인련합회(민경련) 산하의 삼천리총회사는 북한 정부가 지정한, 대한민국과의 거래 권한이 있는 회사다. 직접 제작하지는 않지만, 외국(주로 한국)의 주문을 받아 삼천리총회사의 자회사인 삼천리기술이나 북한 내의 각 애니메이션 스튜디오에 일감을 넘겨 프로젝트를 수행하고 있다.「게으른 고양이 딩가」를 하니로통신과 합작하여 만들면서 3D기술력을 인정받았고 최근「뽀롱뽀롱 뽀로로」를 제작하고 있다.

백호만화영화창작단

인민군으로 이루어진 예술단으로 주로 외국의 하청 작업을 해왔다. 역사는 짧지만 4·26아동영화촬영소로부터 일을 넘겨받으면서 많은 인력이 백호로 넘어왔다.

세계로 나가는 북한 애니메이션

북한은 1997년 일본의「Dr.슬럼프 아라레 짱」을, 그전에는 미국의「톰과 제리」를 방영했을 만큼 세계의 애니메이션을 받아들이고, 또 세계로 나가려는 노력을 기울여 왔다. 또한 오랜 동안 애니메이션을 제작하면서 축적된 북한의 기술은 해외에서도 인정받는다.

스위스계 다국적 엔지니어링 그룹인 ABB사의 전 북한 사무소장 펠릭스 압트는 2004년 2월 한-스위스 상공회의소 세미나에서 소프트웨어 및 영상 사업, 중고 기계 판매 사업, 광업, 노동집약적 소비재 산업, 최고급 소비재 산업을 대 북한

5대 유망 사업으로 꼽았는데, 애니메이션을 포함한 영상 사업이 그중에서도 가장 유망하다고 말했다. 또한 2004년 초 프랑스에서 개봉한 애니메이션「아스테릭스」를 예로 들면서 작품의 절반 이상이 북한에서 제작될 정도로 북한에는 애니메이션 우수 인력이 많다고 덧붙였다.

1985년부터 북한은 프랑스, 이탈리아, 스페인, 폴란드 등 주로 유럽 국가들로부터 2D애니메이션을 수주해 원화 및 동화 작화, 채색 작업 등 메인 프로덕션을 제작하고 있다. 2000년 이전에 제작한 해외 작품으로는 이탈리아 몬도사의「사자왕 신바」「포카혼타스」「검은 해적선」등과 프랑스 꼬리마송사의「레미제라블」「피프와 헤라클레스의 모험」「트리스탄과 이졸데의 전설」「카스토르 영감의 이야기」, 일본의「은하영웅전설」등이 있다.

2000년에는 프랑스의「고양이 밀리」「토르갈」, 스페인의「나이고타」「바다탐험」, 이탈리아의「스파게티 가족」「토로미로의 아이」「산도칸」등 수십 편의 TV시리즈물과 이탈리아의「공룡 왕자」등 극장용 장편 애니메이션을 제작했다.

또 시기는 정확히 알려지지 않았지만, 이탈리아 몬도사의 TV시리즈물인「사막의 왕자」「잠자는 숲의 미인」「모히칸족의 마지막 사랑」, 프랑스 꼬리마송사의 장편 애니메이션「베까신」「비셀스트로크프」, TV시리즈물인「꼬르토 말테즈」「닐강의 공주」「프라당스 쁘띠빠」「또르미노의 아이들」「알렉스」「SOS비상구조대」「간다아르」「톰톰더」「쉐르자르 공주」「엄지 동자」「빠시 플르르」 등을 제작했다.

이뿐만 아니라 북한은 러시아, 일본 등과 합작을 수행했거나 추진 중이라고 한다. 2001년 8월 '러시아의 소리'방송은 김정일의 러시아 방문을 계기로 애니메이션 부문의 제작 협력을 모색하게 될 것이라고 보도한 바 있다. 이 방송은 러시아의 애니메이션 관계 회사인 '매사미디어' 대표들이 김정일의 러시아 방문에 앞서 모스크바 주재 북한대사관을 방문, 애니메이션 부문의 협력을 제안했다고 밝히면서 매사미디어는 당시 몇 해째 북한과 만화 영화 제작을 협력하고 있다고 덧붙였다. 그러나 이후의 진전 상황에 대해서는 알려지지 않았다.

2001년 7월엔 4·26아동영화촬영소 김철수 부총장이 인솔하는 애니메이션기술대표단이 일본을 방문해서 일본 애니메이션 제작사들과의 교류협력을 모색한 사실도 있었다. 그보다 앞서 1992년 일본의 조총련은 북한의 여러 촬영소 설비를 현대화하거나 컴퓨터 지원을 한 적이 있고, 조총련을 통해서 일본에 '조선동화전집'이라는 제목의 비디오 판매 사업을 진행하고 있다.

해외로부터의 하청 작품 외에도 「령리한 너구리」「소년장수」「호동왕자와 낙랑공주」 등 북한이 자체에서 기획·제작한 작품들은 중국이나 동남아시아 등지에 판매되어 좋은 평가를 받고 있는 것으로 알려졌다. '영화수출입공사'를 통해 「령리한 너구리」를 프랑스에 수출하는 등의 성과가 있었고 2004년 2월에는 독일과 12부작 정도의 어린이용 애니메이션을 공동 제작하기로 합의했다. 또한 1997년 안시애니메이션 페스티벌의 견본 시장을 시작으로 해외 영화제에 적극적으로 출품, 홍보하는 노력을 강화하고 있다.

북한의 애니메이션 제작기술은 한때는 남한보다 제작편수가 더 많았을 정도로 해외에서도 인정한다. 하지만 수준 높은 제작 기술과 저임금을 바탕으로 경쟁력을 가져왔던 2D애니메이션이 중요한 수출 품목 중 하나였지만, 애니메이션 제작의 세계적 추세가 3D로 옮겨가고, 인건비가 싼 중국이나 동남아로 하청 제작이 이전하면서 북한도 활동 폭이 좁아졌다. 때문에 현재 남한과의 협력 사업이 북한의 새로운 탈출구가 되고 있다.

애니메이션, 남과 북의 접점 그리고 미래

애니메이션, 남과 북의 물꼬를 트다

헤어져 살아온 시간이 길어지면 길어질수록 그 간격을 줄이고 문화적인 이질감을 해소하기 위해서는 단연 '문화'가 나서야 한다. 정치가 해결하지 못하는 부분을 문화는 해낼 수 있기 때문이다. 다양한 문화 영역 중에서 남북의 교류 전도사로 주목받는 분야는 바로 애니메이션이다. 비록 아직은 미미한 수준의 교류지만 앞에서 언급한 것처럼 성공적인 사례들도 있었다.

애니메이션의 남북 교류는 문화적인 소통을 통해 민족의 대화합과 통일을 만들어가야 한다는 역사적인 사명일 뿐 아니라 경제적인 측면에서도 서로 도움이 될 측면이 분명히 있다는 점에서 중요하다.

1998년 현대그룹이 북한의 금강산 관광 사업을 추진하면서 남북한 문화 교류의 여건은 전보다 훨씬 좋아졌다. 1998년 4월 리틀앤젤스합창단의 평양 공연을 시작으로 대중음악, 체육, 예술 분야에서 남북한의 교차 방문이 이루어졌다. 이어 2000년 6월 역사적인 남북정상회담이 성사되면서 남북 문화 교류는 더욱 활발해졌다.

이즈음 애니메이션의 교류도 본격적으로 거론되었다. 김정일은 2000년 8월 북한을 방문한 남한의 언론사 사장단과 만난 자리에서 남북 애니메이션 교류에 상당한 관심을 보였다. "북남이 함께 영화나 제작물을 만들면 남쪽이 50 가져가고 북측이 50을 가져가고, 돈이 다 우리 땅에 떨어집니다. 그런데 우리가 무엇 때문에 다른 나라와 만들어야 합니까?"라고 했던 김정일의 발언은 남한 애니메이션 업계의 큰 주목을 받았다.

2000년 11월에는 영화진흥위원회가 중심이 된 남한 영화계 대표단 13명이 방북하여 남북 영화 교류 전반에 대해 북한 관계자들과 대화를 나누었다. 방문단은 4·26아동영화촬영소의 김준옥 연출가 등 애니메이션 관계자들과 만난 자리에서 합작 사업을 제의했고 북한의 긍정적인 검토도 약속 받았다. 방문단에 속한 영화배우 문성근 씨는 부친인 문익환 목사의 통일 운동 일대기를 애니메이션으로 공동 제작할 것도 요청했다.

「게으른 고양이 딩가」

이러한 분위기를 바탕으로 남과 북은 애니메이션을 합작하기에 이른다. 하나로텔레콤은 북한 삼천리총회사와 함께 3D 애니메이션 「게으른 고양이 딩가」와 「뽀롱뽀롱 뽀로로」를 공동 제작했다.

「게으른 고양이 딩가」는 2001년 2월 하나로텔레콤과 삼천리총회사가 계약을 맺고 제작한 것으로, 총 33편의 시리즈 중 17편을 삼천리총회사와 합작했다. 하나로텔레콤은 기획 단계(프리 프로덕션)와 음악, 음향, 더빙 등 마무리 단계(포스트 프로덕션)를 맡고, 삼천리총회사는 3D 맥스(3D Max), 소프트이미지 등 그래픽 프로그램을 활용해 애니메이션의 실제 제작 과정을 맡았다. 이 작품은 동물의 털을 잘 표현하여 입체감이 극대화된 코믹 에피소드물로서 만족할 만한 결과를 얻었다.

당연한 점이지만 북한은 중국, 베트남, 인도 등의 애니메이션 제작 하청국에 비해 우리와의 원활하고 세밀한 의사소통이 가능하다는 것이 가장 큰 장점 중의 하나다. 또한 북한의 제작 인력은 기술 흡수력이 빠른 고급 인력들이다. 북한은 2D 분야 및 오브제 애니메이션에서 많은 제작 노하

「게으른 고양이 딩가」의 포스터

우를 쌓아왔다. 3D 분야에선 아직은 신기술에 대한 정보와 응용력이 부족하지만, 튼튼한 기초 기술력을 가지고 있기 때문에 교육을 받은 후의 기술 습득력이 매우 뛰어나고 열정적이라는 평가를 받고 있다.

최근 북한에서는 이 3D 애니메이션에 대한 관심이 높아져 자체에서 3D 제작툴 '백두산'을 마야(Maya) 등 다른 3D 프로그램들과 호환이 되도록 개발하였고, 중국 광고물 제작에 사용되어 이미 우수한 평가를 받았다. 북한에서도 펜티엄 4 이상의 기종과 윈도우즈 XP를 기반으로 하여 마야 5.0, 3D 맥스, 포토샵(Photo Shop) 7.0, 레타스 프로(Retas Pro) 5.5, 펙스(Pegs) 5.0, 툰스(Toons), 유에스애니메이션(USAnimation) 등 사용하는 그래픽·애니메이션 제작 프로그램이 남한과 거의 동일하다.

「게으른 고양이 딩가」는 2001년 대한민국 영상만화대상 캐릭터 부문상을 수상했고, 2002년엔 대한민국 10대 캐릭터 선정과 더불어 문화관광부 장관상을 수상했다. 또 3D 웹애니메이션 최초로 북미(캐나다 YTV)에서 방영되었고, 역시 3D 웹애니메이션 최초로 일본 NHK 자회사 MICO에 수출하기도 했다. 뿐만 아니라 캐릭터 상품화 전문 업체인 홍콩의 미디어링크사와 홍콩, 싱가포르, 말레이시아 지역에 방영권 및 캐릭터 이전 계약을 체결했다.

북한과 공동으로 「게으른 고양이 딩가」를 제작하게 된 것은 북한이 사업 파트너로 적합한가를 점검해보는 의미도 컸다. 하나로텔레콤은 6.15남북공동선언 이후 대 북한 관계 개선을 기대할 수 있었고, 민간 기업으로서 남북 화합 차원에 일조하는 의의가 있었다고 밝혔다. 당시에 남북이 공동으로 협력할 사업을 발굴하고 추진하는 것이 요구되었고, 북한 지도층도 디지털 경제 수용의 필요성을 인식하기 시작했다.

북한과 애니메이션을 공동 제작하면서 남한에겐 민간 차원의 대북 경협 활성화 참여, 북한 우수 기술력을 활용한 공동 기술 개발, 교육을 통한 국내 첨단 애니메이션 제작 기술의 이전 및 북한 자체 자생력 강화, 남한의 우수한 기술력과 북한의 저렴한 인건비를 결합한 대외 경쟁력 강화 등의 거시적인 목표가 있었고, 일정 수준의 성과를 거두었다.

「게으른 고양이 딩가」는 대한민국 최초의 남북 합작 3D 애니메이션이라는 점에 의의가 있다. 그러나 무엇보다 큰 성과는 애니메이션 공동 제작의 교두보를 확보했고 인적 관계를 형성했다는 것이다. 「게으른 고양이 딩가」의 공동 작업을 통해 기본 교육이 충실한 북한 애니메이션 제작의 고급 인력을 검증할 수 있었던 기회도 되었다.

「뽀롱뽀롱 뽀로로」

하나로텔레콤은 이러한 성과를 바탕으로 「게으른 고양이 딩가」 외에도 3D 애니메이션을 한 타이틀 더 진행했다. 「뽀롱뽀롱 뽀로로」는 하나로텔레콤과 삼천리총회사가 합작한 두 번째 작품으로 2002년 8월부터 제작에 돌입해 12월에 완료했

「뽀롱뽀롱 뽀로로」

는데, 편당 5분짜리 총 52편 중 22편이 북한과의 합작이다. 이 작품은 2003년 상반기 이탈리아 포지타노에서 열린 카툰스온 더베이를 비롯하여, 프랑스 안시 페스티벌, 브라질 아니마 문니, 서울 시카프 등의 애니메이션 영화제에서 경쟁작으로 선정되었다. 또한 2003년 디지털콘텐츠대상에서 국무총리상과 2003년 대한민국 만화·애니메이션·캐릭터 대상에서 문화관광부 장관상을 받기도 했다. 더불어 2004년 프랑스 국영TV FT1은 「뽀롱뽀롱 뽀로로」를 프랑스 전역에 방송하기로 했다.

「왕후 심청」

최근 가장 주목받고 있는 작품인 「왕후 심청」은 코아필름서울과 미국 코아필름이 2001년 2월부터 북한 4·26아동영화촬영소와 함께 작업한 첫 극장용 장편 애니메이션으로, 1998년부터 6년여에 걸쳐 제작비 70억 원이 투여된 대작이다. 2005년

8월 남북한 동시 개봉으로 화제를 모았고, 2003년 프랑스 안시 페스티벌의 프로젝트 경쟁 부문에서 특별공로상을 수상하였으며, 히로시마 애니메이션 페스티벌과 오타와 애니메이션 페스티벌 등에도 진출했다. 2004년 서울 시카프에서는 장편 부문 그랑프리를 수상하기도 했다.

「왕후 심청」의 포스터

이처럼 남북한 제작사 상호간의 원활한 통신 및 결과물 교환, 애니메이션 제작 인프라 등의 외적 요소와 교육을 통한 신기술 습득, 국내외 제작사 등의 표준 제작 시스템 지원 등이 가능하다면 중국, 인도, 베트남 등 새롭게 떠오르는 애니메이션 하청국보다 가격 경쟁력 및 제작 시간(경의선 및 남북 육로 연결 시)에 있어서 유리할 것이다.

남북 합작의 가려진 부분

하지만 성과만 있는 것은 아니었다. 「게으른 고양이 딩가」의 경우 하나로텔레콤은 처음에 19만 달러를 투입하기로 하고 33편 전부의 제작을 의뢰했다. 그러나 삼천리총회사측이 작업

환경 미비를 이유로 공동 제작을 수개월간 지연시키자 하나로 텔레콤은 이중 14편을 남한에서 제작하는 등 사업 진행에 애로를 겪었다.

남한의 제작업체들이 통신·통행·통관이 자유롭지 않은 북한과 작업하는 것은 제작 스케줄이 지연되고 비용이 올라가는 것 등 큰 부담을 안고 가는 것이었다. 여전히 대북 사업은 남한, 미국 등 대내외 정치적 상황에 따라 사업 진행이 민감하게 움직일 수밖에 없는 상황이기 때문이다. 또 북한은 계약 합의 사항 이외의 추가 사항에 대한 무리한 요구를 하는 경우가 있다. 공동 작업을 경험한 업체들은 북한이 자본주의 사회에 대한 이해의 부족으로 제작비 협상이 어렵고 아직은 낙후된 제작 인프라가 많은 제약이 되었다고 말한다. 게다가 북한이 정치, 폭력, 선정적이라고 판단하는 작품은 제작이 불가해 기획 내용부터 제한을 받을 때도 있다.

「왕후 심청」도 최초의 남북 합작 극장용 애니메이션이라고 하기엔 다소 무리가 따른다. 남북간 합작의 형식을 취하고는 있지만 실제로 속내를 들여다보면 중국을 거쳐서 북측에 하청을 주는 형태의 교류인 것이 사실이기 때문이다. 한국의 코아필름서울과 미국의 코아필름의 사장인 넬슨 신은 미국 할리우드에서 활동하는 애니메이션 감독으로 「핑크팬더」「심슨」「아서」 등 1천여 편 이상의 애니메이션을 감독하고 에미상을 8회나 수상한 권위자다. 하지만 이런 이유로 북한은 남북 합작으로 보지 않고 북한과 미국의 합작 사업으로 간주하고 있다. 작품 제작과 관련해서 남북한 양측의 법적인 남북 교류 협력승인을 얻지 못했기 때문이다.

사업 주체와의 직접적인 합의 과정에서 수포로 돌아간 안타까운 사례는 또 있다. 북한과의 애니메이션 공동 제작을 추진한 첫 사례는 남한의 애니메이션 주식회사 야미. 아미는 2000년 11월 통일부로부터 남북협력사업자 승인까지 받아 4·26아동영화촬영소 애니메이터들을 대상으로 원화, 동화 테스트까지 실시했지만 결국 북측의 사업 주체와 직접적인 합의를 이루어내지 못해 이 사업은 수포로 돌아갔다.

북한과의 모든 공식적인 경제 협력 루트는 '조선민족경제인련합회(민경련)'을 통해야 한다. 민경련은 북한을 접촉하는 유일한 합법 경로이고, 애니메이션의 경우엔 삼천리총회사만이 남한과의 거래 권한이 있는 회사다. 4·26아동영화촬영소는 북한의 가장 대표적인 애니메이션 스튜디오지만 촬영소가 직접 남한과 합작 사업에 나서는 것은 정책적으로 금지되어 있다. 북한의 대남 사업 정책에 정통한 사람들은 촬영소가 당의 선전선동부에 속해 있어 대남 사업을 주도하는 당의 통일전선부보다 상위부서 소속이므로 통일전선부가 촬영소를 대남사업에 나서게 하는 데 어려움이 있다고 전한다. 실제 다수의 남한 기업들은 촬영소를 대상으로 한 합작 사업을 민경련에 요구했으나 한 번도 성사된 적이 없다.

일반적으로는 통일부에 교류협력사업의 기획에 대한 승인

을 받아 북한 주민 접촉 신청을 한 후, 또 한 번의 승인을 받아야만 북측과의 교류 사업을 시작할 수 있다. 문제는 그 이후에 북측의 누구를 만나야 할지를 결정해야 하는 부분이다. 이것은 사전에 면밀히 조사하여 북측의 어느 기관의 누구를 만나야 일이 성사될지를 알아내서 통일부에 접촉 승인을 받아야 한다. 대체로 북측에서는 영화제작소나 만화가 등이 직접 대남 접촉에 나서는 경우는 없으며 경제 분야의 경우 민경련, 문화 분야의 경우 민화협이 대화의 상대로 나오고 이들이 북측 내부에서 적당한 사업 상대방을 수배해서 연결해준다. 이 두 단체는 북측에서 남쪽을 상대하기 위해 만든 민간 단체로 창구가 단일화되어있다.

이러한 상황에 대해 대북 전문가들은 북한과의 합작은 한국 애니메이션계에 큰 기회이지만, 북한을 북한 그대로 인정하고 접근해야 한다고 주의를 준다. 일반적으로 북측의 인력은 저비용이라는 고정관념을 가지고 있지만 이런 인식을 깨야한다는 것이다. 그들은 대부분 국가로부터 인정받고 대우받는 인재들로서 이에 합당하게 남측의 인력에 지불되는 수준의 대우가 보장되어야만 원만한 교류 사업이 가능하다고 지적한다.

남북경제문화협력재단[15])에 의하면 남한은 자본주의 하에서 산업화된 문화이자 개인적인 취향과 수익성이 우선시되는 문화인 데 반하여 북측의 문화는 국가적인 차원에서 인민의 교양을 목표로 하고 있어 남한 업체의 생각보다 교류의 어려움이 많다고 한다.

더구나 북측은 문화적인 자존심이 매우 높기 때문에 남측의 문화의 유입에 대한 경계는 물론이려니와 자신들의 문화가 남측에서 제대로 평가받지 못할 것에 대한 우려도 상당하다. 따라서 남측에 없는 특징을 가지고 있으면서 북측이 자신 있게 교류에 내놓을 수 있는 아이템을 확보하는 기획력이 우선되지 않고서는 문화 교류의 성사 가능성은 희박하다고 할 수 있다. 통일을 대비하여 정서적 공감대를 이루기 위해 문화 교류를 해야 한다는 당위에도 불구하고 실제로 이루어지는 교류는 많지 않다. 현재는 양측의 문화예술계 인사들이 서로 방문하여 보여주기 식의 교류가 대부분이며 진정한 의미의 교류라 할 수 있는 합작 혹은 공동 제작 등의 형식은 좀 더 기간이 필요하다는 지적이 나오고 있다.

북측의 만화와 애니메이션 분야의 인력이 상당히 고급 인력이라는 점과 남북 공히 이 분야를 아동용으로 인식하고 있다는 점에서 교류가 성사될 경우 국제적으로 경쟁력 있는 문화 산업으로 발돋움할 수 있을 것이다. 하지만 이를 위해선 장기적인 관점과 투자의 의지를 가진 애니메이션 관련 기업의 참여가 있어야 한다.

북한은 모든 예술 종사자들이 당과 국가의 관리 하에 있기 때문에 필연적으로 정부 당국 간의 협의가 우선되어야 한다. 이는 애니메이션뿐만 아니라 문화 교류 전 분야에 걸쳐 제기되는 문제다. 현대아산이 보여주었듯이 경제 분야의 교류는 상호간의 신뢰와 장기적인 투자가 보장이 되면 성사가 가능한

데 비해 문화 분야의 교류는 사상적인 문제로 인하여 양 당국 간의 협의가 전제되지 않을 경우 앞서 지적했다시피 하청 구조의 교류로 전락, 진정한 의미의 문화 교류가 요원해질 수 있다. 현재로서는 이러한 교류를 위한 특별한 절차나 제도 자체가 존재하지 않기 때문에 문화 분야의 교류에 나서는 사업자는 상당 부분 개척자의 각오로 교류 사업에 임해야 한다.

우리에게 남은 문제

협력 방식의 제약을 풀어야 한다

　남북의 협력 방식은 크게 1)북한에 직접 주문, 제작 원산지는 평양, 2)중국(회사)을 통한 북한에 간접 주문, 제작원산지는 중국, 3)개성공단 입주 등으로 나눌 수 있다.

　「게으른 고양이 딩가」 등의 작품은 1)에 해당하는 방식이다. 이런 방식은 남한의 감독자가 평양에 상주하면서 제작을 진행해 문제가 있을 때 신속하게 수정하고 진행할 수 있는 장점이 있지만 방문 기간이 짧을 뿐더러 자주 방문하기도 어렵고, 해외 출장과 동일한 비용이 지출된다.

　평양정보센터 만화영화창작단에서는 2004년 9월부터 민족네트워크가 발주한 용역물 제작이 이루어지고 있지만 가까운 거리라는 이점을 살리기는 어려운 형편이다. 일감의 전달 경로는 서울-중국 심양-단동-신의주-평양인데, 서울에서 중국 심양까지는 항공편, 심양에서 단동까지는 당일 택배서비스, 단동-신의주-평양 간에는 평양정보센터 측이 별도로 개설한 수송편을 활용한다. 만화영화창작단이 제작한 결과물의 전달 경로는 일감의 경우와 역순으로 이루어진다. 때문에 서울-평양 간 최단 소요시일은 2일로 남한의 하청 작업을 하는 다른 나라들에 비해 1일이 더 걸리는 편이다(채색 용역의 경우에는 서울-평양 간을 중국을 경유한 인터넷을 활용하므로 남한에서의 작업 시간과 비슷한 시간이 소요된다). 평양정보센터와 민족네트워크는 용역 전달 시간이 긴 결점을 보완하기 위해 2005년 상반기에 개성공단에 공동연락사무소 설치를 검토하기도 했다. 연락사무소에는 평양정보센터 측의 연출가와 민족네트워크 측의 원화 감독 및 동화 감독이 파견되어 사전검수와 수정, 용역 전달 업무를 진행할 예정이라고 한다.

중국을 통한 제작은 중국에서 북한의 인력을 초빙해 제작하는 것으로 일감을 신속히 소화할 수 있고, 남북한의 인력이 서로 상주해 의사소통에서 유리한 점이 있다. 하지만 엄밀히 말하면 이것이 북한의 입장에서는 남한과의 사업이 아니라 중국회사를 통한 작업이라는 것이 원칙이다. 또 북한과의 합작물에 대한 국산물 판정 기준이 정해지지는 않았지만 이 경우엔 원산지가 중국이 된다.

남북 모두가 가장 좋은 방법은 개성공단에 입주하는 방식이다. 이럴 경우엔 남한의 입장에선 서울 인근에 배후 제작 기지를 얻는 효과가 있다. 서울과 두 시간 거리이고, 여러 가지 연계 편익이 따르기 때문에 많은 여건들이 좋아진다. 또 저임금의 노동력을 이용하게 되므로 국제적 경쟁력이 높아지고, 수익성 또한 높아지는 효과가 있다. 북한으로서도 노동력 고용 효과가 있고, 기술 인력을 양성하고 남한의 선진 기술을 습득하는 효과가 있다. 또 북한이 세계 시장으로 진출할 커다란 기회를 갖게 된다.

그렇지만 현재 개성공단에는 우량 제조업체만 입주할 수 있다. 애니메이션은 국제통계분류표상 서비스업으로 분류되어 공단 입주는 현실적으로 어렵다. 하지만 향후 2006년부터 개발되는 개성공단의 상업·업무 지구에는 애니메이션 업체들도 입주할 수 있어 업계들은 큰 기대를 갖고 있다.

북한 애니메이션, 국산인가 아닌가

북한 애니메이션과의 합작엔 또 하나의 문제가 있다. 국내 제작물로 판정할 것인가의 문제다. 방송법 시행령이 2004년 9월 개정되면서 애니메이션 총량제가 2005년 7월 1일부터 시작됐다. 애니메이션 총량제는 국내 애니메이션 산업의 진흥을 위해 지상파 방송사가 국산 창작 애니메이션을 전체 방송 시간의 1% 이상 편성하도록 강제하는 내용이 골자다. 국내 영화

산업을 보호하기 위해 의무적으로 국산 영화 비율을 정해놓은 스크린쿼터와 비슷한 개념이다. 이에 따라 첫 방송을 기준으로 KBS는 연간 8,000분, MBC와 SBS는 4,000분을 국산 애니메이션으로 채워야 한다. 이는 기존 국산 애니메이션 편성보다 2배 이상 늘어난 분량이다.

총량제의 시행은 국내 애니메이션 업계에는 대단한 기회이고 때문에 많은 업체들에게 큰 기회가 된다. 하지만 북한 애니메이션이 국내물로 판정받는다면 국내 애니메이션 회사들은 그만큼의 기회를 잃게 된다.

KBS가 2005년 7월부터 방영한 북한 작품 「너구리와 숲 속 친구들」은 2003년 남북방송교류 협력사업의 차원에서 들여온 북한 작품으로 방송위원회로부터 국산 창작으로 인정받았다. 매우 전향적인 결정으로 보이지만 실상 이에 대한 법적인 준비는 미흡하다.[16]

애니메이션 제작자 협회의 다수는 내부적인 여건이 부족하므로 아직은 시기상조라며 북한 작품의 국내제작 의무편성비율 산입에 반대한다고 알려져 있다. 즉, 총량제가 필요할 만큼 척박하고 어려운 상황인데 북한물이 국산물로 인정받으면 그만큼 설 자리가 줄어든다는 입장이다. 문화관광부는 극장용 북한 영화의 경우엔 국내물로는 인정하지만 스크린쿼터에는 포함시키지 않는 것으로 방향을 잡고 있다. 그러므로 북한 영화와 같은 논리로 북한 애니메이션도 판단해야 한다는 것이 업계의 입장이다.

하지만 방송위원회의 입장에서는 자신들이 주도한 교류 사업의 일환으로 수입된 애니메이션인 만큼 그 후속 처리까지 맡아야 한다는 부담이 있었다. 남북 문화 교류라는 커다란 의의 속에서 진행된 사업인데, 북한 애니메이션도 국산물이라는 것을 인정하자니 국내 업체의 반발이 있고, 인정하지 말자니 북한과의 관계도 생각해봐야 했던 것이다. 게다가 국산물로 판정되지 않으면 방송사 입장에선 북한 애니메이션 편성에 따른 메리트가 적어 적극적인 편성을 유도하기가 어렵고, 방송 교류라는 명목이 무색하게 될 수 있었다.

결국 방송위원회는 '2003년도 10월 남북 방송영상물 소개 모임에서 구매한 프로그램에 한해 국내제작 애니메이션으로 인정한다'는 예외적인 결정을 내리고 말았다. 하지만 SBS에서 비슷한 사례가 발생했던 2003년에도 'SBS의 경우에는 국내 제작영화로 인정한다'는 예외 조항을 만든 바 있다.

남북한 애니메이션 합작에 대한 요구가 커지고, 점점 많은 작업이 이루어지는 시점에서 이러한 과정을 반복하지 않기 위해서는, 매번 미봉에 그치는 결정이 아니라 장기적인 안목을 가지고 법적인 논리를 만들어 두어야 할 것이다.

기술적인 조율의 문제

1985년부터 줄곧 외국의 하청 작업을 해오고 있는 것으로 보면 북한의 애니메이션 제작 기술은 뛰어나다고 볼 수 있다.

하지만 일부 전문가들이나 직접 북한 애니메이션을 접한 사람들의 평가는 대체적으로 "폐쇄 사회의 특성상 견문이 적어 보지 못한 사물을 그리는 데 큰 제약이 있으며 연출이 구태의연하여 시대 감각이 떨어진다"고 비판한다. 극단적으로 "남한의 수준에 비해 20년, 많게는 30년 정도 뒤떨어졌다"고 혹평하는 사람도 있다.

평가자에 따라 관점이 다르기 때문에 북한 애니메이션 전체를 판단하기는 어렵지만, 남한과 북한의 애니메이션에 몇몇 기술적인 차이가 존재하는 것은 사실이다.

첫 번째가 북한의 애니메이션들은 1초당 24프레임을 사용하는 풀 애니메이션이라는 점이다. 때문에 1초에 12프레임이나 8프레임을 쓰는 한국에 비해 영상이 부드럽다. 이런 점이 미국이나 유럽의 작품에는 적합해 일감을 얻기 쉬웠겠지만, 우리와는 다소 이질적으로 보일 수 있다. 두 번째 차이는 북한의 애니메이션은 만화체라는 점이다. 만화체도 물론 있지만 삽화체가 애니메이션의 주류를 이루는 우리나 일본과는 다소 맞지 않는다. 또한 사회적인 특성상 사실적인 액션을 중시하여 세부 동작까지 정확히 보여주려 하기 때문에 동작의 비약을 애니메이션의 표현으로 삼는 우리와는 차이가 있다. 일본은 1980년대 후반 「은하영웅전설」을 북한에 의뢰했다가 북한의 이러한 제작 기법의 차이 때문에 그 이후로는 별다른 거래를 하지 않는 것으로 알려져 있다.

그리고 북한 작업물에 대한 한국 감독들에 따르면, 북한의 애니메이터들은 캐릭터 등에 대한 작화 능력은 비교적 좋지만 남한과 비교하면 중간 그룹 정도의 수준이라고 평가된다. 또 동작을 한결같은 느린 속도로 연출했다는 점이 큰 약점이란다. 게다가 원거리 작업의 의사소통을 대신하는 타임시트나 작화지 상의 지시 표시법 등이 남한과 달라 몇몇 오류가 발생했다고 한다. 또한 원화를 너무 많이 그려 동화가 늘어나고 그만큼 제작비가 증가해 경제적인 연출을 염두에 두지 않는다고 평가한다.

이러한 차이점은 어찌 보면 당연하다. 따라서 남북이 합작할 경우 시트나 작화지의 지시 및 표기 규칙, 연출 기법, 경제적인 원화 작화 요령들을 사전에 교육하고 조율한다면 빠른 극복이 가능할 것이다.

하지만 애니메이션계나 학계가 우려하는 점은 우리의 준비가 미흡하다는 점이다. 아직까지 남북 애니메이션 교류 경험이 별로 없기 때문에 북한의 정확한 기술 수준을 측정하기 어렵고 남한으로 들어온 해외 하청 물량을 합작으로 처리해본 경험도 없다. 또 여전히 북한과의 교류 환경이 열악하다. 원화 및 동화의 작화, 컴퓨터 채색 등의 공정은 매우 짧은 시간에 이루어져야 한다. 그러기 위해서는 북한과 1일권 이내의 실물 배송 시스템이 구축되어야 하고 전산망이나 전화망은 물론 직접적인 인적 접촉이 잦아야 하는데, 아직은 현실적인 제약이 많다.

무엇보다도 국내 애니메이션업계가 영세하다는 것이 문제다. 과거의 합작 사업은 명목상의 사업에 치중하여 이루어진

점이 있지만 많은 초기 투자가 이루어져야 하는 북한과의 합작 사업을 감당하기엔 우리의 체력이 약하다는 지적이 있다.

이러한 점을 해결하기 위해서 학계에선 앞서 논의한 개성공단 입주 등 교류센터의 설치가 필요하다고 주장한다. 물론 개성이라는 지역을 고수하는 것은 아니다. 교류센터를 통해 남북한의 일감을 직접 주고받는다면 시간이나 물류비 면에서 큰 장점을 가질 수 있다.

하지만 이러한 것들을 어느 개별 사업체가 주도하기엔 큰 무리가 있다. 따라서 남과 북의 정부 차원에서의 지원이 필요한 시점이다.

북한과의 새로운 모색

현재 북한 애니메이션이 가장 활발하게 활용되는 것은 통일 교육 분야다. 남한의 청소년들은 글보다는 이미지에 익숙한 영상 세대이기 때문에 애니메이션은 그들이 가벼운 마음으로 접할 수 있다는 장점을 가지고 있다. 소재도 거부감이 없고 상영 시간도 짧아 접근성도 높다. 또한 북한 문화에 대한 선입견을 버리고 북한의 생활을 간접적으로나마 체험함으로써 문화적인 차이를 줄일 수 있다. 특히 북한의 애니메이션은 충효, 용기, 권선징악의 주제가 주류를 이루면서 이념적 성향이 나타나지 않아 학생들의 교육 자료로도 유용하고 북한의 실상을 이해하고 남북한의 화해 협력의 기틀을 만드는 데 도움이 될 것이다.

현재 통일 교육에 있어서 계속 지적되어 온 문제는 통일교재의 부족이다. 북한 애니메이션은 정치적 색채를 띠지 않는 과학 상식과 일상적인 교훈을 다루고 있어 간접 경험의 역할을 한다. 또 전래 동화나 역사적 인물을 다루고 있기 때문에 우리의 민족적인 동질성을 회복하는 기회로 접근한다면 그 교육적 가치는 더욱 높아질 것이다.

현재 우리 애니메이션 산업은 창작보다는 하청 중심이지만 동남아나 중국이 저렴한 인건비를 무기로 급부상하고 있어 새로운 대안을 구상해야 한다. 이러한 맥락에서 남북한 애니메이션 산업은 서로 취약한 점을 보완하고 함께 성장할 수 있는 기반을 적극적인 교류 속에서 찾아야 한다.

북한 애니메이션의 가장 큰 장점 중의 하나는 전통적인 문화 컨텐츠라는 점이다. 기술이 점점 평준화되어가는 요즘 콘텐츠에서 가장 큰 차별점은 새롭고 재미있는 창작 소재의 발굴이다. 그러기 위해서는 해외에서 접근하지 못하는 우리의 문화적인 소재를 발굴해야 하는데, 그런 점에서 북한 애니메이션은 큰 강점이 있다. 또 북한의 인력은 정부에서 지원하는 고급 인력이다. 여기에 우리가 가지고 있는 선진적인 첨단 기술, 국제 마케팅과 배급망을 결합시킨다면 세계적이면서 한국적인 독특한 애니메이션을 창작할 수 있을 것이다.

주

1) 애니메이션 총량제의 시행으로 KBS는 연간 8,000분을 국산 애니메이션으로 채워야 한다. 이런 배경에서 7월 8일부터 방영한 「너구리와 숲 속 친구들」이 남북방송교류 협력사업의 차원에서 방송위원회로부터 국산 창작으로 인정받은 것은 KBS로선 다행스러운 일이다. 「너구리와 숲 속 친구들」은 북한의 「령리한 너구리」 시리즈와 동물을 주인공으로 한 각기 다른 애니메이션을 한데 묶어 방영하고 있다.

2) 「왕후 심청」은 2005년 8월 12일 전국 62개 극장에서 개봉됐지만 8월 29일 현재 서울 3곳, 경기 2곳 등 수도권을 중심으로 10개 이상 극장에서 상영됐다. (「애니 「왕후심청」예상 밖 롱런」, 인터넷 전자신문, 2005년 8월 30일)

3) 북한 애니메이션이 국내 선보인 사례는 다음에 자세하게 소개돼 있다. 이정·이상구, 『1999~2004 남북 애니메이션 교류 백서』, 영화진흥위원회, 2004, 13~15쪽 참고.

4) 이용배, 『애니메이션의 장르와 역사』, 살림, 2003, 4쪽.

5) 만화와는 개념적으로 차이가 있다. 북한에서 만화는 정치적인 색깔이 강한 것으로 사용된다. "과장, 풍자, 상징 등 다양한 예술적 수법을 통하여 사회와 인간 생활의 이러저러한 현상과 그 본질을 간단명료하게 보여주는 출판화의 한 종류. 만화는 주로 아동 미술, 아동 만화 영화에서 널리 쓰이며 그밖에 정치포스터, 신문, 잡지 등에서도 쓰인다. 만화는 주로 민족적 및 계급적 원쑤들의 사회적 본질을 폭로 풍자하며 그를 반대하는 정신으로 인민들을 고양하는 데 그 기본 목적을 둔다." (김영주·이범수, 「북한 언론의 이론과 실천」, 나남, 1991, 582쪽.)

6) 「영화예술의 급속한 발전대책에 관하여」, 1956년.

7) "아동 영화의 주제 령역에서 무엇보다 중요한 것은 위대한 수령님과 위대한 김정일 동지께서 몸소 들려주신 동화 이야기들을 아동 영화에 옮기는 것이다.(중략) 들려주신 동화, 우화를 비롯한 여러 가지 이야기들을 가지고 아동 영화를 만드

는 것은 어린이들의 특성에 맞으며 사상예술성이 높은 아동 영화창작의 확고한 담보로 된다. 아동 영화의 기본 주제영역은 또한 지적교육과 관련된 문제들이다." (「사회주의영화예술건설」, 리현순.)

8) 『영화예술론』은 북한의 주체사상과 주체적 문예이론을 영화 분야에 구체적으로 적용시킨 문헌이다. 1973년 4월 11일 발행된 이 책은 김정일이 직접 집필한 것이기 때문에 북한 영화계에 막대한 영향력을 행사한다고 볼 수 있다. 영화정책을 단순히 반영하는 데 그치지 않고 영화제작 체계에 관한 구체적인 이론서이자 실무지침서이기도 하다.

9) "위대한 수령님과 친애하는 지도자동지께서 몸소 들려주신 동화 이야기들을 영화로 옮기는 사업은 우리 아동 영화의 고전적 본보기 작품을 마련해놓고 영화의 혁명전통을 빛나게 하는 매우 영예롭고도 보람찬 창작 사업이다.(중략) 가장 중요하게 나서는 원칙적 요구는 원작의 사상과 내용에 충실하고 인물들의 성격과 극적 관계도 그대로 살리면서도 철저히 옮겨지는 예술 형태 즉 아동 영화의 특성에 맞게 형상을 펼치는 것이다." (『조선영화년감』, 1990.)

10) 『문화예술 주요부문별 남북교류 프로그램 연구』, 한국문화정책개발원, 1999. 참조.

11) 1978년 (주)서울동화·소년한국일보·새소년사에서 제작하였으며, 감독은 김청기, 제작은 황기태와 김춘범, 각본은 조항리가 담당했다. 이 작품이 제작된 이후 1979년에는 「간첩 잡는 똘이장군」이 제작되었다. 개봉 당시 흥행에 성공한 작품으로 평가되고 있으며, 이 작품의 영화 음악은 어린이들 사이에서 크게 유행하기도 했다. 당시의 반공 사상이 짙게 배어 있는 작품으로, 어린이들에게 애국심 고취와 함께 반공방첩 의식을 강화시키기 위해 제작된 것으로 알려져 있다. 북한군이 각종 동물로 등장하며, 특히 북한의 수령이 가면을 쓰고 나오는데, 결말에는 똘이장군의 활약으로 그가 돼지였다는 사실이 드러난다.

12) 장미진의 『북한의 '아동 영화' 연구』에 따르면 북한의 아동 영화는 주제별로 예술성이 뛰어난 작품, 오락성이 뛰어난 작품, 교훈성이 뛰어난 작품, 평범한 작품, 정치성이 뛰어난 작

품 등 5가지로 분류된다. 국내에 소개된 북한의 아동 영화 43 편이 별 4개 만점 하에 5가지 항목으로 분석됐다. 이 중 정치성 부분에서 별 3개 이상인 작품은 15개로 나타났다. 소개된 작품은「거떡과 금덩어리」「용감한 아동단원」「너구리의 겨울차비」「용감한 기러기」「두 장군 이야기」「늙은 왕문어」「놀고먹던 꿀꿀이」「나비와 수탉」(대사추가편)「자루 속에 든 승냥이」「어린 머슴」「제 굴로 돌아가라」「삐라」「곱등어를 길들인 소년」「박새네 집」,「다람이와 고슴도치」등이다. (장미진,『북한의 '아동 영화' 연구』, 한국문화정책개발원, 1995. 참조)

13) 장명희,「지적교양주제의 아동 영화문학에서 다양한 이야기 구성법」,『조선영화』1995년 제9호, 문학예술종합출판사, 1995, 54~58쪽 참조.

14) 총장 김철진. 별칭 Korea Joint Venture Animated Cartoon Company.

15) 남북경제문화협력재단은 정부의 주도 하에 대기업 중심으로 벌어지는 남북 간 협력 사업을 탈피하여 젊은 중소기업의 경제협력 사업을 활성화하자는 취지로 2002년경부터 준비를 시작하여 2004년 1월 정식으로 설립하였다. '퍼주기 식 사업'이라는 말을 듣기도 하는 인도적 지원 사업보다는 남과 북의 장점을 결합하여 북측이나 남측의 사업자나 모두의 경제적 문화적 이해가 충족되는 사업을 목표로 하고 있다.

16) 2004년 3월 5일 방송위원회 제15차 상임위원회 임시회의 회의록.

참고문헌

북한자료

김혜숙, 「아동 영화의 매력 -그림영화 「산삼꽃」을 보고」, 『조선영화』 1991년 제5호, 문예출판사, 1991.

김혜숙, 「아동 영화의 사상예술적 수준을 높여준 빛나는 향도」, 『조선영화』 1994년 8호, 문학예술종합출판사, 1994.

김희숙, 진실하고 풍부한 동화적 환상 -그림 영화 「날개 달린 룡마」를 보고, 『조선영화년감 1986』.

윤인수, 「10월의 축전장으로 달리는 과학, 아동 영화창작가들」, 『조선영화』 1995년 5호, 문학예술종합출판사, 1995.

장명희, 「지적교양주제의 아동 영화문학에서 다양한 이야기 구성법」, 『조선영화』 1995년 제9호, 문학예술종합출판사, 1995.

저자미상, 『대화첩 주체예술의 위대한 년륜』, 2.16예술교육출판사, 2002.

저자미상, 「과학, 아동 영화 발전의 빛나는 년대기」, 『조선영화』 1992년 7호, 문학예술종합출판사, 1992.

『조선대백과사전 8』, 백과사전출판사, 2001.

『조선대백과사전 18』, 백과사전출판사, 2001.

『조선중앙년감 주체93』, 조선중앙통신사, 2004.

『조선대백과사전 26』, 백과사전출판사, 2001.

『조선영화년감 1986』, 문예출판사, 1987.

『조선영화년감 1988』, 문예출판사, 1989.

『조선영화년감 1989』, 문예출판사, 1990.

『조선영화년감 1990』, 문예출판사, 1991.

『조선영화년감 1991』, 문예출판사, 1992.

『조선영화년감 1992』, 문학예술종합출판사, 1994.

『조선영화년감 1993』, 문학예술종합출판사, 1995.

최재현, 「주체적 과학, 아동 영화의 발전을 빛나게 향도한 불멸의 기치 -불후의 고전적로작「과학교육영화촬영소의 기본임무에 대하여」발표 20돐에 즈음하여」, 『조선영화』 1994년 제11~12호, 문학예술종합출판사, 1994.

__ **국내자료**

강현두, 『북한매스미디어론』, 나남, 1997.

김영주·이범수, 『북한언론의 이론과 실천』, 나남, 1991.

김현주, 「북한 애니메이션의 특성과 활용에 대한 연구-남북한 문화산업 교류협력을 중심으로」, 경남대학교 북한대학원 석사논문, 2004.

박철호, 「김정일의 영화정책에 관한 연구」, 중앙대학교 사회개발대학원 석사논문, 1996.

서정남, 『북한영화탐사』, 생각의 나무, 2002.

이경호, 「북한 어린이 만화에서 나타난 덕목 분석」, 청주교육대학교 교육대학원 석사논문, 2004.

이교정·이금호, 『북한 애니메이션 산업 현황조사연구 보고서』, 2005.

이정·이상구, 『1999~2004 남북애니메이션 교류 백서』, 영화진흥위원회, 2004.

이춘길, 『문화예술 주요부문별 남북교류 프로그램 연구』, 한국문화정책개발원, 1999.

장미진, 『북한의 '아동 영화' 연구』, 한국문화정책개발원, 1995.

최척호, 『북한예술 영화』, 신원문화사, 1989.

__ **관련 사이트**

KBS 아름다운 통일 http://tongil.kbs.co.kr.

구호와 개발협력을 위한 북한채널: http://www.nkchannel.org.

데일리엔케이 http://www.dailynk.com.

조선일보 엔케이조선 http://nk.chosun.com.

중앙일보 북한네트 http://news.joins.com/nknet.
통일교육원 사이버 통일교육센터 http://www.uniedu.go.kr.
통일부 북한자료센터 http://unibook.unikorea.go.kr.

__ 자문

김종세, 하나로델레콤「게으른 고양이 딩가」총 기획.
성호선, 방송위원회 차장.
이순주, KBS 애니메이션 편성 PD.
이재상, 남북경제문화협력재단 문화교류위 부위원장.

북한 애니메이션

초판인쇄 2005년 11월 15일 | 초판발행 2005년 11월 25일
지은이 이대연·김경임
펴낸이 심만수 | 펴낸곳 (주)살림출판사
주소 413-756 경기도 파주시 교하읍 문발리 파주출판도시 522-2
출판등록 1989년 11월 1일 제9-210호
전화번호 영업·(031)955-1350   기획·(031)955-1370~2
        편집·(031)955-1362~3
팩스 (031)955-1355

e-mail salleem@chol.com
홈페이지 http://www.sallimbooks.com

ⓒ (주)살림출판사, 2005   ISBN 89-522-0451-4 04080
                        ISBN 89-522-0096-9 04080 (세트)

값 9,800원